たった2日であなたを神に目覚めさせてみせる

心の学校 学長
佐藤康行

アイジーエー出版

たった2日であなたを神に目覚めさせてみせる

※本書は二〇〇二年十一月にハギジン出版より刊行された
『たった2日であなたを神に目覚めさせてみせる』を加筆・編集したものです。

復刊にあたり～まえがきにかえて

本書は、約十年前にハギジン出版より刊行した「たった2日であなたを神に目覚めさせてみせる」を復刊したものである。

私は、すべての人に内在する神＝「真我」を引き出し、神に目覚めさせる世界唯一のセミナー「真我開発講座」を二十五年前から主宰し、受講された八万人以上の方々の人生の変化を見てきた。そして、その間に七〇タイトル以上の本を出してきたのだが、中でも本書は「神」、「真我」について私が深く掘り下げて綴った最初の書籍であった。通常、本に至るまでには、私が書いた文章や講話を編集して文章化しているのだが、本書はその編集をほとんど行わず、私の生の言動や思いをほぼ綴ったままの状態で刊行している。そのぶん私の本音が色濃く反映されているものといえる。

ぜひ、私の本音を多くの方に感じていただければと思う。

二〇一三年　春　　佐藤康行

序として「本当の自分を知る」ことこそ命の喜び……………

先日私は、知り合いの女性がガンの末期であることを知らされた。何とか彼女を救える方法はないものかと思案していたところ、突如言葉が次々と浮かんできたのである。そこで私は、「これを一万回くらい読んでごらんなさい。きっと奇跡が起こるから」というメッセージを添えて彼女に送った。以下は、そのときに浮かんだ言葉の全文である。

＊　＊　＊

「奇跡の言霊」
真我に病なし　真我は久遠の生命　真我は大調和
真我は愛そのもの　真我は無敵　真我は神

今こそ真我　今夢より目覚め　神に目覚め
歓喜も　感謝も　無償の愛も　反省も
すべて真我の内にあり　宇宙の実相は神なり
そしてわが真我も宇宙とひとつ
愛は調和　調和は真我　真我は完全　真我は無限
今　久遠の生命を自覚せり
今　全体の生命たる宇宙の生命と融合調和せり
迷いは夢　心配は夢　悩みは夢　病は夢
神なる真我に目覚めしとき　これらの夢は消えゆるなり
慶びの内に迷いなし　慶びの内に心配なし
慶びの内に悩みなし　慶びの内に病なし
真我に目覚むる慶びにひたりたるとき　人生の目的は達成さる
そのときこそ出発なり　目的地と出発地は一体なり
神の法の前に　因果の法は絶無なり

神の法に目覚めよ　真我の法に目覚めよ
すべてはひとつ　すべては永遠　すべては大調和
生きることは喜びなり　歓喜なり　愛なり　感謝なり
ひとつに目覚むることである　永遠に目覚むることである
無限に目覚むることである
われの本体は真我なり　一点の迷いもない　一点の曇りもない
今　わが真我は　雲間より煌々と照らす　愛の光なり
この宇宙　地上の生きとし生けるもの
森羅万象に　千億無限の光を放つ
神の光しか見えぬ　神の愛しか見えぬ
われは今　自覚せり
不死なる生命を　久遠の生命を　無限なる全体の生命を
われは今　歓喜と光に包まれたり
宇宙よ　ありがとう　神よ　ありがとう　真我よ　ありがとう

生きとし生ける　すべてのものよ　ありがとう
わが細胞のすべては　光に包まれ　大笑いしたり　喜びたり
魂こそ真のわれなり
わが魂は　無限億光年離れし　この大宇宙に広がれり
この自覚こそ　この世に生まれし　究極の目的なり
今　全身の内に　わが本体たる魂と細胞が
至福の喜びに包まれたり
今こそ　目覚めのときなり　今　今　今　今完全に目覚めたり
ありがとうございます　ありがとうございます

＊　＊　＊

産業革命以降、凄まじい勢いで物質文明は発展したが、果たして、私たちは文明の発展と共に本当の豊かさを手に入れることができたであろうか。現実を直視すると、甚だ疑わしい。わが国でうつ病にかかっている人は、潜在的なものも含めれば国内に一千万人近くいるともいわれている。さらに、引きこもりの若者はすでに百万人以上、家出をする少年少女も十万人を越しているのだ。自殺者は年間三万人を大きく上回り、離婚も二十五万組にのぼる。また、若年層の凶悪犯罪も年々増え続けている。**心の病は、まるで物質文明の発展と比例でもするかのように増加の一途をたどっているのである。**

私たち日本人の精神が決して豊かになっていないのは、私たちが頭脳を働かせることばかりを優先し、すべての物事を頭脳で解決しようとしているからだ。頭脳中心に考えると、どうしてもエゴ的になり、それがさまざまな問題を生み出してしまう。

今、私たちに求められていることは、頭脳を発達させることよりも、頭脳のさらに深いところに内在する神の声に耳を傾けることである。**本当の自分とは一体何者なのかを悟り、本来与えられた使命を全うすることこそが、自らの生命を最大限に活かし、且つ問題を解決してくれる唯一の方法**

なのである。本当の自分を悟ったとき、初めて、何ものにも代え難い命の喜びを味わうことができるのだ。それこそが真の意味での自己実現なのである。

本書では、これから人類が知らなければならない人間の本質、宇宙の真理、そして、内なる神性について詳しく述べていく。

たった二日であなたを
神に目覚めさせてみせる――

もくじ

第一部　国際法より宇宙法で生きる

第一章　すべての存在は神そのものである――21

第二章　人生の目的は神に目覚めることである――51

第三章　全人類が一瞬で目覚める瞬間がある ―― 79

第四章　人間は神そのものの意識になれる――129

第二部　たった2日で神に目覚める

第五章　すべての行為は自分を知る働きである――171

― 第三部 「真我」を開いて究極の自由を手にする ―

第六章 真我とは人生双六の「上がり」である ―― 207

装丁デザイン／鈴木未都
本文ＤＴＰ／スペースワイ

第一章

すべての存在は神そのものである

人間は驕《おご》りを捨てなければならない時代が来た

「人間は万物の霊長である」の言葉通り、人間の知恵こそが素晴らしいと思い込み、脳で考えることだけに偏重している人がいまだに大勢いる。しかし、そうした人間の知恵が自らの首を絞めようとしている。そのことは地球環境問題に顕著に現れている。

ライオンの牙は他の動物を捕えるために必要なものであるが、必要以上に発達し長く伸び過ぎたら、逆に牙が狩りの邪魔になって自滅をしてしまう。まさに今、人類にそのような事態が起きようとしている。私たちの脳が肥大化したことによって、自らを絶滅に追いやる危険性をはらんでいるのだ。

多くの人々は、科学をさらに発達させれば、人類は長く繁栄を保つことができると考えている。しかし、それは大きな間違いだ。その典型的な例の一つが二〇〇一年に騒ぎとなった狂牛病（ＢＳＥ・牛海綿状脳症）だ。

狂牛病は、経費を抑えることを優先した合理主義が生んだ悲劇といえる。合理主義を追求した結果、安価で栄養効率の高い肉骨粉を牛に与え、ＢＳＥを引き起こしてしまったのである。しかし神は、牛が肉を食べるようには創っていないのである。

現代の科学は、すべてこの合理主義の上に成り立っている。遺伝子研究においても同様で、今後も同じような弊害がもたらされる危険性が高い。狂牛病は奇しくもそのことを私たちに警告してくれたのである。

私たちは、**自分たちの頭脳で考え出したことを最優先にするのではなく、それ以前に、しっかりと宇宙の法則を学ぶ必要がある**のだ。宇宙の法則を無視して、経済効率を優先するから、狂牛病のような事態が起きるのである。

五感で認識しているものは真実ではない

私たちがこの目で見ているものは真実の姿ではない。私たちのこの感覚器官では、永久にすべての真実を正確に捉えることはできないのだ。

例えば、A氏がB氏という一人の人間の姿を見たとしても、それはあくまでもA氏が見たB氏であって、B氏そのものの真実とは違う。A氏が目で見て感じたもの、想像したものと、B氏そのものの真の姿とは違うのである。

この肉体を顕微鏡で見たら、肉眼で見えるものとは全く違ったものとして見える。また一万倍のレンズを通して見るのと百万倍のレンズを通して見るのとでも全く違う。その、それぞれ見えるものを正しいと捉えるなら全部正しいともいえるが、真実を常に変わらないものとするならば、すべて間違っているともいえるのである。

倍率も無限に存在するから、何倍で見たものが正しいという基準はない。人間の視点から離れた宇宙の絶対的な法則だけが真実なのである。

私たちの肉眼で見ているものは、ほんの一つの視点から見えているものに過ぎないから、**肉眼では絶対に本質を見ることは不可能**なのである。肉眼だけに限らず、私たち人間の五感はみな微妙に違うため、見る人が違えば同じものでも違って見えるのだ。A氏を十人の人が見れば、十人ともA氏の評価が違うはずである。すなわち、人間の感覚ではまず本質を知ることは不可能なのである。

真我を開いて初めて真実と出逢える

感覚器官だけではなく、私たちの心も一人一人がみな違う。それは、持って生まれた遺伝子、育ってきた環境、過去に出会った人々、今日に至るまでの経験などが一人一人異なり、誰一人として同じ記憶を持っていないからである。そして、そのそれぞれが記憶という独自のフィルター越しに物事を見るために、モノの見方が全員バラバラになってしまうのである。もちろん、そのどの見方からも真実を見ることはできない。
しかし、私たちの心の一番内側には、この世のすべての真実を捉えることのできる神の心とも言うべき心が存在する。その心こそが私たちの実相であり、真実の姿である『真我《しんが》』なのである。

真我《しんが》とは、神の心、仏の心であり、無限の愛に溢れた大調和の心である。真我は、私たちの揺れ動く心や表層意識、感覚器官などすべて超越した、大宇宙と完全に一体となっている真実の姿なのである。

その真我は、どうやって開くことができるのだろうか。それこそが私が主宰してきた「真我開発講座」の真髄ともいうべきものである。山奥に篭って仙人のような生活を送るとか、厳しい自然環境の中で滝に打たれて座禅をくむ修行をするとか、そのようなこととは全く異なる。

それは、私の体験から一瞬のうちに閃いた、誰にでも適用できる方法である。修行や荒行などとは一切無関係の方法だ。

真我に目覚め、真我を開くと、一瞬にしてすべての視点で物事を見ることができる。完全なる真実を見ることができるのだ。神の目は私たちの感覚器官などを超越した真実の目だからである。神の目で見れば、宇宙のすべてが一つの命、一つの法則でできているという真実に気づく。地球上の人類はみな一つの命であることがわかるのだ。


アポロ9号の乗組員だったラッセル・シュワイカート氏は、宇宙空間で地球を眺めているときに、突然、「生きとし生けるものは一つなのだ」と一瞬にしてわかったと言った。それは、そのように感じる心がもともと彼に内在していたから、一瞬にしてその心が出てきたのである。

後から作られたものは一瞬の内には出てこないが、**もともと内在しているものは、一瞬の内に表面化しても不思議ではない**のである。

すべてのものは一つの命

この銀河系には何千億という星がある。その銀河系のような星の集団が、この大宇宙にはまた何千億もあるといわれている。私たちは、その広大無辺の大宇宙の中に浮かぶ一つの惑星、地球に住んでいる。

すべてのものは大宇宙そのものである。大宇宙の中の地球に住んでいる私たち自身も、宇宙そのものなのである。**宇宙以外のものは何一つ存在しない。**宇宙のすべてが一つのエネルギー、一つの命として息づいている。

宇宙のエネルギーとは神そのものである。生命のエネルギーと宇宙のエネルギーは、同じ一つのエネルギーだ。それは、永遠の命であり全体の命。永遠の命とは、宇宙の存在そのものであり、そこには過去も未来も存在しない。全体が一つの命、生きとおしの命である。

命を水のようなものとして考えると、全体が一つの命であることがわかる。地球は水の惑星と言われるとおり、水は地球上の至る所に存在している。海や川だけでなく動植物の体内にも水は多く含まれている。人間の体も約七〇パーセントは水だ。森林にも水がたくさん含まれている。地上にある水は熱を受けて蒸発すると、水蒸気に形を変え空に上昇する。水蒸気が上空で集まると今度は雲に形を変える。そして、雲が集まるとやがては雨が降り、それが地中に染み込み、やがて川や湖となる。その水をあらゆる動植物が体内に吸収する。川は海へと流れ、また水蒸気になる。そのような循環が何十億年も続いているのだ。

神の命は光である。その光がプリズムを通過すると屈折してさまざまな色に分光、分散される。神の命は一つの命であり、すべての生命は一つの命なのだが、屈折率によってさまざまな形となって現れているに過ぎないのだ。**私たちは、屈折して現れたものを見ている。私たちの本体は神そのもの、宇宙そのものなのであり、すべては一つなのである。そのことを体感することが最も尊いことなのだ。**

永遠の命を悟る

永遠の命を悟ると、死に対する恐怖はなくなっていく。死への恐怖がなくなっていくと寿命は延びていく。逆に「死にたくない」という恐怖心を抱いていると、その恐怖という想念が現象化し、死を引き寄せてしまう可能性がある。

永遠の命を悟ることができれば、たとえ死の淵をさ迷っていたとしても、安らぎの中にいることができるのだ。神の命を悟り、神には病気など存在しないということを悟れば、病気が消えてなくなっても何ら不思議ではない。


以前、福岡に肺ガンで余命半年と宣告された四十代の男性がいた。発見された時にはすでにガンは脳や脊髄を含む七箇所に転移しており、もう手術すらできない状況だった。私がお会いしたときには、彼は死への恐怖に打ち震えていた。私は、その男性に永遠の命を悟らせるために、真我の開発に取り組ませた。

彼は毎日何時間も真我の開発に取り組んだ。そして、実にわずか三カ月後には、彼を蝕んでいたガンがすべて跡形もなく消えてしまったのである。**永遠の命を悟ると、本来病気などは存在しないということがわかり、どんなに重い病気であっても改善に向かうのである。**

永遠の命を悟ると、心身の健康を保つことができる。さらには、**長年背負っていたトラウマ（過去に負った心の傷跡）さえも一瞬の内に消し去るこ**

とができる。そして、両親への深い感謝の気持ちが湧き上がってくる。

私たちの内なる神、真我こそが永遠の命なのである。故に、真我を体感し体得すると、私たちの命は永遠不滅の存在であることを悟ることができるのである。

この現実世界で最も真我の愛が現れているのが、親の子に対する無償の愛である。父母の無償の愛を受け止め、素直に感謝することができれば、その愛が光となって伴侶や子ども、周りにいるすべての人たちに向かって放射され、あらゆる人間関係がスムーズに流れるようになり、明るく健康で喜びに溢れた人生を送ることができるのだ。


山の麓より真我の愛が渾々と湧きいずることによって、そこから流れる清らかな愛の水は、その下流に喜びと幸福という名の恵みを与え続ける。そして、あなたの運命という土壌は、痩せ細った荒地から肥沃で輝きに満ちたものに変貌を遂げるのである。

お金を追い求めるのは、悟りの本能があるから

お金を欲するのは、私たちがみな自由を求めているからである。お金がなければどこにも行けず、好きなものも買えず不自由だからだ。たとえお金がなくても好きな場所に行け、好きなものが何でも手に入るのなら、お金をそれほど求める必要はなくなる。つまり、本当に欲しいのはお金ではなく自由なのだ。

ではなぜ、自由が欲しいのだろうか？　それは、喜びや幸せを得たいからである。喜びや幸せを得たいのは、自分や家族をそれだけ愛している証拠であり、自分や家族を愛しているが故に、自由を得ようとしているのだ。愛は神である。愛という究極の本能は、一つの命を悟っていくことである。本当の愛と神は一体なのだ。

人間も含めたあらゆる動物の行為は、すべて愛が源泉になっている。敵を攻撃するのも、自分を守ろうとする自己愛があるからだ。人を蹴落としてまで高い地位を獲得しようとするのも、自分を強く愛しているからである。

エゴそのものも愛といえる。ただし、その愛が小さいのだ。エゴの人（エゴイスト）とは、自分のためという個体的な捉え方しかできない人のこと。正確に言うならば、「国家のため」という捉え方もエゴである。その結果が戦争を生み出してしまうのである。であるから、宇宙全体という一番大きな捉え方をしなければならない。それが本当の神の愛だからだ。

「『世の中のため、人のため』と言う前に、まずは自分のことができなければダメだ」と人は言うが、本当は逆だ。一番大きな全体を捉えた中から、自分という個の存在を捉えるべきであって、個を拡大して全体にするのではない。**最初に大きな視点に立たなければならない**のだ。

ただし、人類の歴史は、小さな視点から大きな視野に拡大してきた歴史でもある。以前は自分の身を守るために一人一人が刀や剣を持っていた。日本の国の中でも長い間領土争いを繰り返していたし、ようやく日本という国に統一されたら、今度は他の国を侵略するようになった。そのようにして、小さな視点から大きな視野に視点が徐々に拡大していったのである。そして、今はインターネットなどが発達して、地球の裏側にでも一瞬で通信できるようになり、地球が一つであることを感じざるを得なくなった。

しかし、本来は全体が一つであることを悟るために長い年月は必要ない。かつて天動説から地動説に人々の認識が切り替わるのに、長い年月は必要なかった。地動説が唱えられる前から、もともと地球は太陽の周りを回っていたのである。一秒でわかることと何百年もかけてわかることがあるが、**本当は一秒でわかることが真理**なのである。

新しい人にしか時代は変えられない

いつの時代でも、時代を変える人は全く新しい視点を持った人である。コロンブスもコペルニクスも織田信長も坂本竜馬も、みな体制の中にいた人ではない。江戸幕府の中からは、決して坂本竜馬は誕生しないのである。
これから時代を変える人も、現存する体制の中からは現れないであろう。今の体制の中にいる人では、恐らくこの社会システムを変えることはできない。政治も経済も科学も医療も、現在の体制の中にいる人では、変えることは非常に困難であると考えられる。

全く誰にも理解されないような人物でなければ時代を変えることはできない。その人は最も真実を見ていて、実は最も常識人なのであるが、ごく一般の人たちから見ると狂っているように見えるのである。歪んだメガネで見ると、真っすぐなものも歪んで見える。コペルニクスも当時は狂人扱いされたようだ。

時代を変えるには、何が真実かを追求するしかない。真実を追求するときには、従来の常識も意味を持たない。地球が太陽の周りを回っているのか、太陽が地球の周りを回っているのか、その真実を突きとめるときには、過去の科学の蓄積さえも邪魔になり、むしろ、一度すべての常識を壊さなければならないのだ。
中には臨死体験をすることによって悟りの境地に至ったという人もいる。そのような人は、臨死体験によってそれまで抱いていた価値観がすべて壊れてしまうようだ。死ぬときにはあの世に何も持って行けないから、欲を張って生きていても意味がないということを自ら体験し、そのことによって、それまでとは全く違う境地になるのである。

実は私自身も、実業の世界に身を置いていたとき、臨死体験に近い体験があった。それは、事業があまりにも急激に発展したために、周りの人たちがその勢いについて来れず、やがて人の欠点ばかりが見えるようになり、**私自身の中に疑いの心が芽生えてしまったのが原因**だった。そのために私は自暴自棄になり、心の扉が完全に閉まり、真っ暗闇の世界に迷い込んでしまったのである。**そのとき私は、「人間は指一本触れずに死ぬことができる」と感じるほどのギリギリの状態にまで落ち込んでしまったのだ。**

それでも私は解決の道を外に求めるのではなく、自分の内なる世界に求めた。私の自分探しの旅はこのとき始まったのである。それから、藁をも掴む思いで必死に求め続け、一年が経ったあるとき、ようやく閉じていた心のドアが少しづつ開き始めた。そして間もなく、眩いばかりの黄金の光が私の心の中に差し込んできた。その瞬間、私は魂が真上にスーッと上がったのを感じた。後からわかったことであるが、その瞬間に、私は次なる次元の世界に足を踏み入れたのだった。

心の臨死体験から生還して以来、私にはすべての真実が見えるようになり、同時に、今まで持っていた価値観は全部吹き飛んでしまい、生きる目的も一八〇度変わってしまった。このときから、私の第二の人生が始まったのである。

この体験によって、本当の自分とは何か、いわば自分の本質が見えるようになった。そして、自分の本質がわかることによって、人の心や社会のさまざまな問題の本質も手に取るように見えるようになり、どうしたら解決できるかということもわかるようになった。そして現実に、私の所に訪ねてくる人たちの抱えている問題を、次々と解決できるようになったのである。

この世のすべては神の顕《あらわ》れ

地上にあるすべての物質は、もともと宇宙に存在したものである。人間が造り出した素材や機械でさえも、もともと存在していたものが組み合わされ加工されたものに過ぎない。新しいものなど何一つとしてないのである。さらに、この物質とあの物質を組み合わせたらどのような物質になるかということは、宇宙の中ですでに決まっていることなのだ。人間がそれを組み合わせて、「発明した」と言っているだけであって、最初からすべての仕組みは決められている。であるから、この世にあるものは、すべて決まっていたものが形となって現れたに過ぎないのである。

確かに人間は電気の存在を発見し、発電方法を発明し、そして、ラジオやテレビなどの電化製品を造っていった。しかし、人間が発見する以前から宇宙には電気も磁気も、すべての物質も、そして製品も存在し、もともと宇宙にはそれらすべての設計図が存在するのである。人間はそれを後から発見しているに過ぎないのだ。そして、それらを発見・発明する人間も宇宙そのものであるから、宇宙の設計図の中にすべてが含まれているのである。

モノを造ることのできるロボットをある開発者が造ったとする。そのロボットがある製品を造ったら、それはロボットが造ったことになるのだろうか？　ロボットが造ったともいえるが、そのロボットを造った人が存在しなければロボット自体の存在もないのであるから、正確にはロボットを開発した人が造ったということになる。ここで言う開発者とは神のことであり、ロボットとは人間のことだ。つまり、**人間の開発したものは、すべて神が創造したものでもあり、神の中にすべての設計図が書かれているの**である。

人は時々、「自分一人の力でやる」と言うが、**本当は自分一人でできるようなことは何一つ存在しない。**例えば、新商品を開発するにしても、そのための理論を研究した人、設計する人、その素材や部品を開発した人、部品を組み立てる人…というように、さまざまな人たちが深く関わっている。**どんなことでも、たった一人でできるということはあり得ない。自分一人ということは存在しないのである。なぜならば、すべての生きとし生けるものは一つの命だからだ。**それ故、私がやっても、「やってもらった」と言うこともできるのである。それは、何かを「右手で掴んだ」としても「左手で掴んだ」としても、両方とも「私が掴んだ」ということになるのと同じだからだ。

もともと全部のものが宇宙には存在しており、創（造）ったものも創（造）られたものもない。もともとすべてが一つ、神一元の世界こそが真実なのである。**創造主も創造されたものもなく、すべてが一つの命なのである。**

この大宇宙は神が創ったのではなく、神の顕れなのだ。地球上の生きとし生けるものは、すべて神の顕れである。**すべてが神の顕れであるから、「神が創った」という表現は正しくない。すべての存在が神そのものであり、どんな現象も、神以外のものはないのである。**

神が完全であるならば、人間はなぜ苦しむのか

私たちが見たり感じたりするものは、すべて相対的なものである。相対がなければ、時間も空間もなく、何も認識することも感じることもできない。しかし、神そのものには相対は存在しない。神にとって唯一の相対は、私たちの業《ごう》、すなわち人

間の心だけだ。相対があることによって、私たちは神の素晴らしさを認識することができるのであり、もし、神だけで相対が存在しなければ、神の素晴らしささえも私たちは認識できないのである。
料理にも美味《おい》しいものとそうではないものが存在するから、美味しさを認識できるのである。苦しいことを経験するからこそ、本当の喜びも味わえるし、病気を経験してこそ、健康の有難味《ありがたみ》がわかるのである。私たちの意識は絶対ではないが故に、この三次元の世界の中でさまざまな体験をし、さまざまな感覚を味わうことができるのである。

本来、業はどこにも存在していないものだが、私たちには過去の記憶が業として残っているように感じられるのだ。神が創ったままの記憶と、私たちが体験した記憶とが唯一相対になっているのである。**意識が神そのものになれば、もう相対はなくなり、同時に業も消えるのである。**ところが、業の中で生きている限りは、神と業の二つの記憶がいつまでも併存するのだ。

光だけが真実

光と闇とは決して同居できない。光の世界に闇は存在できないのである。心もそれと同じで、真我が現れていないところに業やカルマが存在するのであり、真我そのものになれば、もう業やカルマは存在できないのである。

もし光と闇を相対させたら、**絶対に闇は光には勝てない。なぜなら、闇が光を消してしまうことはあり得ないからだ。**つまり、このことから、どちらが存在するもので、どちらが存在しないものかがわかる。光こそが真実、実相であり、闇は仮相なのだ。神の心と人間の業の心が相対したら、業の心は消えてなくなるのである。業の心は真実ではない、架空のものだからだ。

人間が、業の世界で生きるのか、神の世界で生きるのかは、神から見ればどちらでも良いことである。人類が自らの首を絞めて滅んでいくとしても、それはただ自分たちがやったことが戻ってくるという事実があるだけであって、神が計画したわけではない。

今のまま進んで人類がこの地球にいられなくなるか、それとも神に戻ろうとして地球に長く住まわせてもらうかは神から見たら同じことだ。**長生きをするのも、自殺をして早くこの世を去るのも、神には一切関係のないことであり、全部自分の意志が自分に戻ってくるというだけのこと**だからだ。
人類が地球上に誕生して数百万年といわれているが、これは約四十六億年といわれる地球の歴史から見れば、瞬きをするほどの瞬間に過ぎない。また、恐竜が生存していた期間と比べても、人類の歴史は極めて短い。恐竜は環境に適合できなくなり絶滅したそうだが、人類も頭脳ばかりを発達させ、魂を磨くことを怠っていると、かつての恐竜と同様、地上から姿を消す運命をたどっても何ら不思議ではない。**たとえ人類が滅亡したとしても、人類にかわる新たな生命体がこの地上に誕生することであろう。**しかし、それすらも、神から見ればごく自然な流れの一部に過ぎないのである。

地球は決して人類のものではない。人類は、地球という惑星に、一時的に住まわせてもらっているだけなのである。その事実を謙虚に受け止め、地球の法則に従うことに徹すれば、人間がこの地球上に永続的に生息することは可能なのである。

地球の法則、宇宙の法則に則ることのできる能力は、決して特別な能力ではなく、それは私たち人類全員に最初から与えられている能力なのである。そして、その**能力を発現させる唯一の方法は、私たち自身の内なる宇宙、真我に目覚めることなのである。**

＊　＊　＊

（「真我開発講座」を受講された大地美代子さんからの手紙）
前略
　先日は、真我開発講座の宇宙無限力体得コースで思いもよらない体験をさせていただき、本当にありがとうございました。先生のお陰で一生分の財産とも思えるほど素晴らしい体験をいただきました。
　あの日、瞑想中に先生の手が私の肩にかかった時、身体がだんだんと暖かくなってきて、そのうちに閉じた目の中に、自分の瞑想中の姿がみえはじめ、その身体に白い霧のようなものがかかって、だんだんと身体の右側に寄っていって、白い線になって、私の身体の影のような形で残りました。その瞬間、私はその影が神の姿だと確信しました。驚いたのは言うまでもありませんが、ああそうだったんだ、私は本当に神の子だったんだと魂で神を実感し、そのことを自覚したとき、また驚いたことに、もう取れたと思ってた業がまだ私の身体に残っていて、その業がまるで生きて意志があるかのようにサーッと逃げるかのごとく神と一体となった私の身体から離れていきはじめました。

業を取り去ってから神を自覚したのではなく、神を自覚したから業が見事に逃げていったのです。さんざん業が取れずに前の日から苦しみ、夜中も泣き明かしたのですが、その人の何倍もあった業が、見事に私の身体から離れていって、身体が宙に浮いているのではないかと思うくらい身体が軽くなっていたのがわかりました。

その後、業が去って軽くなった身体が愛だけの塊になったとき、魂が波動を起こしはじめました。愛に目覚めて動きはじめたという感じでした。その波動で今まで愛を知らないがゆえに過去の記憶の中で眠っていた愛が生き生きと蘇ってきて、あまりのありがたさに泣かずにいられませんでした。しかもその命のように尊い愛が、愛の磁力をもった私の魂にまるで磁石のように吸いつけられてピタッとくっついたかと思うと、愛だけの魂とひとつになっていくのです。私の身体の血や肉になっていってくれてるような不思議な感じでした。

数々の人たちとの間に生まれたたくさんの愛も、ありがたくて仕方ありませんでしたが、人間がギリギリまで生きようとする強い意志が神の愛そのものだということが、何よりもありがたくて涙があふれました。

その後、一緒に瞑想していた四、五人の人の身体にも、左半分の輪郭に白い線が影のようにはっきりと現れてきたのが見えました。ああみんなも神なんだ、私と同じ神なんだ、もとはみんなひとつなんだと頭でなく魂でそのことがわかって、また嬉し涙が次々とあふれ、あんまり幸せで嬉し涙が出るので、私の天国はここなんだと思えたほどでした。

この体験で、私は宇宙全部が愛の波動をもって動いていることに気付きました。

心の底からすべてが神（愛そのもの）だと信じることさえできれば、愛の波動がすべてをいい方向へと運んでくれるのですね。

素直な気持ちでこの手は愛でできてるんだと思えば、この手はまちがいなくいい方向へと活躍してくれます。家庭や仕事も愛でできていると考えたら、とても明るい未来がみえます。地球全体、宇宙全体もそうですね。みんな愛でできていることさえわかったら、あとはみえない世界が動いて、すべてをいい方向へともっていってくれるのですね。

義母とは以前もっていたわだかまりがすっかり消えて、義母が今では一番私に喜びを与えてくれる存在にさえなっています。

素直に心から感謝の言葉が言えるようになり、素直に心から喜べるようになりました。これもみんな先生のお陰です。

本当に本当にありがとうございました。

（原文のまま）

第二章

人生の目的は神に目覚めることである

仁王と仏、その顔は愛の顔である

愛というと、優しくおおらかであるように受け取る人もいるが、実はそれだけではない。ときには鬼のように叱りつけることも大きな愛なのである。仏の顔と仁王の顔は全く正反対のように見えるが、実は両方とも同じ愛の顔なのだ。

仏の顔も仁王の顔も同じ愛の顔であるが、どちらかといえば仁王の顔の方が愛が深い。なぜなら、人を騙してやろう、貶《おとし》めてやろうというような人間がたくさんいるこの俗世の中で、悟りを顕示し、相手を目覚めさせてあげることができる人というのは、状況に応じて変幻自在に表情や態度を変えることができなければならないからだ。

それは覚者の中でも相当レベルの高い人でなければできないのである。

魂とは真我が個性化したものである

七十一億人の真我はみな同じであるが、魂は七十一億人それぞれ別々である。
真我と魂の違いを水にたとえると、水は、海、水蒸気、雲、雨、雪、川、湖、氷……というようにさまざまにその姿を変えるが、姿は違っても、どれも「H_2O」という水の分子であることに変わりはない。それらすべてを「水」として捉えるか、「海」、「水蒸気」、「雲」……というようにそれぞれ別個のものとして捉えるか、その視点の違いだけなのである。全体の単位で捉えれば真我、個の単位で捉えたときに魂と私は言っている。すなわち、すべての人を生命として捉えれば、みな同じなのである。

すべては視点の違いでしかない。私たちの顔を見るにしても、肉眼で見たら顔として見えるが、顕微鏡で見たら、もはや顔とは見えなくなり、倍率を変えればまた全く違ったものに見える。その倍率にしても無限にあるわけで、視点も無限に存在するのである。

宇宙の法則とは元に戻る働き

本来の姿に戻すのが宇宙の法則である。地球の本来の姿は、あらゆる生命体の生態系が一定のリズムで循環している状態だ。私たちが神の創ったままの状態で生きるためには、真我で生きる以外にはない。真我に目覚めるということは、神のままの自分に目覚めるということであり、神のままの自分に目覚めれば、本来あるべき姿に戻り、心身ともに健康に豊かに生きることができるのである。**私たちの人生の目的は、神に目覚めること以外にはないのだ。**

現在、森林伐採、オゾン層の破壊、地球の温暖化、砂漠化など、きりがないほどの地球環境問題が起きている。それは、明らかに人間が脳で考えたものを中心に生活をしてきた結果だ。会社が発展しても、それと引き換えに地球全体に迷惑をかけているということがある。私たちがこの地球に永続的に棲息したいと願うならば、神が本来創ったままのリズムに立ち返って生きるようにしなければならないのだ。

神が創ったままの状態で生きるとは、より全体的な視点に立つということでもある。より全体的な視点に立って行動できるようになるには、真我を開くしかない。自分の大脳で考えるだけでは、どうしても個体的な発想から抜け出すことは不可能だからだ。今、人間の脳を中心とした生き方が限界点に達している。今こそ私たちは、神中心の生き方に戻らなければならないのである。

時空間は存在しない

時空間とは、人間の意識が造り出したものであって、それは実在のものではない。実在こそが本来の姿であるが、実在は人間が造りあげたものではないのだ。

空間という言葉には、文字通り「間」という枠があり、枠を取ってしまうと、空間はなくなり「空」になる。「間」によって内と外とが分けられているから空間ができるのである。時間という言葉も同様で、枠を取ったら時間はなくなるのだ。「今日と昨日」というように刻んでいるから時間ができるのであり、枠がなくなれば時もなくなる。人間がそのような枠を造ったに過ぎないのである。つまり、時空間は、人間が勝手に造り出したものなのである。

私たちはこの部屋を一つの空間とみなしているが、壁を通り越したら空間はない。家の中で空間を造っているだけで、家の外に空間は存在しない。それと同じく、どこに行っても空間というものはないのである。時間も同じだ。今という全く動かない瞬間を見たときには、時間は存在しない。さらには、一秒を百分の一、一万分の一、一億分の一、一兆分の一…というように縮めていくと、もう時間はなくなってしまう。そのように捉えると、そこには時間も空間も存在しないのだ。

本当の今とは宇宙のこと、神のこと、そして真我のことを言う。過去と未来は、私たちの肉体が存在して初めて存在するのだ。宇宙空間には過去も未来も存在しないのである。


産まれたばかりの赤ちゃんには、時間・空間という概念はない。大人になるに従って、時間的、空間的な認識が強くなっていくのである。

時空間の概念は一種のトラウマを生む。時空間の中でさまざまな体験を積むに従って、次第に思い込みが強くなっていくのである。時間が経てば経つほど、そのことにとらわれてしまい、その固定観念によって自らを縛ってしまうのだ。

同じような体験を何度も繰り返すと、やがてそれは一つの固定化した観念になっていく。最初は（違う）と思っていても、何回も言い続けられると、（そうかな…）と思い、そのうち（そうだ）と思うようになり、やがて「絶対そうだ！」と断言して言い切ることになる。それだけ反復によってとらわれが強くなるということだ。

反復が多いほど、また時間が長ければ長いほどそれに対する思い込みが強くなるのである。

十回、五十回、百回と同じことを聞いたら、まさしく洗脳された状態になってしまう。「あなたは病気だ」と何回も言われたら、本当にそう思い込んでしまい、やがては完全に病気になってしまう。

幼児の頃には、時間・空間の概念はあまりないが、時間とともに時間的、空間的な概念は強くなっていく。

大人になっても時間・空間の概念がない人は、天才になる可能性がある。なぜなら、そのような人には「自分はこんな人間だ」という枠がないが故に独創性が現れ、今まで教わったことを基にして物事を判断するのではなく常識を越えた独自の発想をすることができるから、天才になれるのである。

赤ちゃんは、お母さんのお乳をもらうときに、「そろそろ十二時だからおっぱいちょうだい」とは言わない。また、物心がつく前なら、隣の家に連れて行って知らない人に抱かれても泣かないこともあるのだが、少し物心がついてくると、隣の家に連れて行ったり、知らない人に抱かれると泣くようになる。それは、成長とともに、空間の概念が芽生えてくるからだ。

時空間という概念は、すべて人間が生み出したものである。例えば私たちは、自分の居場所について、「今自分の部屋の中にいる」というように個体的な捉え方をしてしまう。しかし同時に、「宇宙にいる」と捉えることもできる。本来「自分の部屋」と「その外の世界」とを隔てるものなど何もない。人間がすべてにおいて枠を造ってしまうがために、空間が生み出されたのだ。時間・空間のみならず、そこから生まれた物質も心もすべて人間が造り出したものなのである。

時間空間は私たちが造り出したものであるから、それはすべて幻といえる。時空間が幻であるから、この世に存在するものはすべて幻なのだ。時空間は、人間が脳の中で限定した概念に過ぎず、脳の中で造ったものであるから、すべては夢、幻なのである。

生命を肉体として捉えると、時間が存在することになる。しかし、時間は幻であるから、その幻の中に存在する自分は、幻の自分＝「偽我」に他ならない。真我だけが真実の自分である。本当の自分、神なる自分を自分と捉えたら、時間は存在せず、命が滅びるということもあり得ないことになる。**神の世界には時間は存在せず、真我である永遠の命には始まりも終わりも、時間も空間もないのである。**

循環する生命

自然界の動物たちは、お互いの命を活かし合っている。ライオンが死ぬとその亡骸は草や大地の栄養分になり、大地から生えたその草をシマウマが食べ、そのシマウマをまたライオンが食べるというように、動物たちはそのサイクルの中で命の活かし合いをしている。命が他の命に転化しているだけで、死んでいる命などどこにもないのだ。すべては永遠の命であり、命はつながっているのである。

循環するそのサイクルの中で営々と生き続けている命は不変だ。それぞれの生命体は、それが波のように現れて変化している姿に過ぎず、その中はずっと変わらない海のような一つの命があるということだ。

プリズムに光を通すと、赤や青や黄といった色が出現する。しかしそれは屈折率の違いによってさまざまな色に分かれているだけであって、光は一つしかない。光そのものである神の命は、一つしか流れていないのである。それが地球上のあらゆる生命体に形を変えているのであり、**すべては、神の命が顕現した姿なのである。**

今という瞬間に因果の法則はない

私たちの悩みや苦しみやトラウマはすべて過去のものであり、不安や心配や恐怖はすべて未来のものである。私たちは、過去の辛い記憶や未来への不安を背負って生きている。しかし、真我を開くとそれらはすべて消え去っていく。なぜならば、真我は今この瞬間にあり、真我には過去も未来も存在しないからである。過去や未来は、実在しない幻のようなものだからだ。

真我を開くと自分の中にある神が出現する。神が現れると、その光で過去のトラウマが消えていくのである。

私たちの記憶に残るのは、体験そのものではなく、その体験の受け止め方である。その受け止め方の積み重ねが私たちの思いなのである。真我を開くと、その体験に対する受け止め方が劇的に変わるのだ。

例えば、母親から冷たくされた記憶は強く脳裏に刻まれる。しかし、真我を開き神の愛がわき出てきたとき、今まで思いも寄らなかった母親の深い愛が見えてくるのだ。冷たい仕打ちをされたと思い込んでいたのは自分の浅はかさであり、本当は子どもが自立できるように心を鬼にして突き放してくれた母の大きな愛だったということに気がついた瞬間、その過去の記憶は一八〇度変わってしまうのである。

起きた事実が問題ではなく、その事実をどう捉えるか、どう受け止めるかが一番の問題なのである。なぜならば、その事実はどこにも存在しておらず、その事実をどう捉えているかだけが心の中に残っているからである。故に、その思いが変われば、過去が変わったということになる。

過去などはどこにも存在しておらず、過去に何があったという記憶があるだけなのだ。明日になれば、それはやはり今日になり、明日は絶対こないのである。

今とは真我、今とは宇宙、今とは神であり、また今とは愛である。今が変われば未来も変わり、今が変われば過去も変わる。つまりは、今しかないのである。

意識が変われば、未来が変わる

「将来はこうなろう」と目標を立ててみても、自分の心が変われば、過去のレベルで立てた目標には意味がなくなってしまう。そして、全く違った未来や目標が見えてくる。

極端にいえば、「日本一の強盗になろう」という夢を持っていたとしても、意識が上がれば、その夢は意味のないものになり、そのときに、その未来は消えていってしまう。そして、もっと人に喜ばれるようになろう、人に役立つようになろうという夢に変わっていくのである。

未来に目標を立てて、それにこだわって生きるというのは、あまり賢い生き方ではない。今まではそのような生き方が良しとされてきたが、これからは違う。自分の意識レベルを上げていくことだけに専念していけば、自ずと未来は拓けていくのである。

昔の夢にいつまでもとらわれるべきではない。例えば、オリンピックに出場するという夢を持っていた人が引退してコーチや監督になったら、意識のスイッチを切り換えなければならない。ところが、そこでスイッチを切り換えられず、過去の栄光ばかりにしがみつき、「過去はこうだった」といって酒に溺れているような人は、過去に生きている人なのだ。過去に生きている人は、今を生きていないから生きた屍と同じなのである。

テレビのチャンネルが切り替わったら、今度はそのチャンネルで楽しめばいいのだ。いつまでも「あのチャンネルが良かったのに……」といってみても始まらない。もうその番組は終わっているのである。

常に今を生きることである。今しかないのである。今、今、今…今こそが人生そのものであり、今の中に人生のすべてがあるのである。

執着を手放す

釈迦は、「人生は苦である」と言っている。それは、病気でもがき苦しむ人たちを目の当たりにして、「なぜ人はこんなに苦しまなければならないのか」と自らも苦しみを感じ、歳をとった老人の顔を見て、「なぜ人はこんなに醜い姿にならなければならないのか」と疑問を感じたところから出てきた言葉なのだ。

しかし、それは釈迦の出した結論ではなく、むしろ釈迦の出発点だった。そこから、「この苦から脱却する方法は何なのか？」という長い探求の旅が始まったのである。そして、やがて仏の世界〝即身成仏〟の世界に目覚めていったのである。

世の中にあるものはすべて流れ、そして消えていく。だから人は、執着心というものがあると苦しむのだ。財産を失なうこともあれば、愛する人と別れることもあるし、自分の美貌を保とうとしても歳とともにしわが増えてしまうものでもある。その過程が苦しみになっていくのだ。世の中は無常であり、自分が宝だと思っているものを永久に持ち続けることなど、何一つとしてできないものなのだ。

私たちは、自分が大切だと思うものを握ることが幸せだと錯覚している。しかし、いずれはどんなものをも手放さなければならない。最後は命さえも手放さなければならない。実はその執着心こそが苦の原因である。執着心が強ければ強いほど苦しまなければならない。人は手放さなければならないという苦しみから、なかなか逃れられないのである。

しかし、自らが執着を手放せば、苦しみはない。人から奪い取られると苦しくなるが、自らが手放せば苦しみはなくなるのである。そして、仏であることを悟ったときに、現世の快楽ではなく、本物の喜びを得ることができるのである。真我に目覚めれば、苦しみから逃れることができるのだ。

ただ、「執着を手放しなさい」と言われても、なかなか手放すことはできないものだ。しかし、**誰が見ても、今握り締めているものよりも素晴らしいものを見せられれば、自然と握っているものを手放すことができる**のである。

釈迦の説いた教義の中に〝八正道〟（正見・正思惟・正語・正業・正命・正精進・正念・正定）というものがある。「正しくものを見」「正しく行う」というように、何事も正しくするという教えであるが、問題は何をもって正しいとするかである。その正しいという基準こそが最も難しいのである。

正しいという概念は、百人いれば百人とも違う。絶対的に正しいという基準は、仏であり真我にしかない。であるから、正しく行うためには、真我を開く以外にはあり得ないのである。仏心に従うことによって苦滅に至るのである。仏心に従うことが彼岸の道、涅槃の道なのである。

本来苦しみなどは存在しない

心の働きはいつも一定ではないが、それと同様に、現象界も一時たりとも同じ状態には留まっていない。川の水も常に流れているように、物質は必ずいつかは古くなり崩れ去っていくのである。すべての人の心と、人の心によって造られたこの世のすべてのものは、まさに諸行無常であり、一時も留まってはいないのである。この世に生きとし生けるものは必ず消え去っていく運命にある。

因果の法則というものがあるが、これは原因と結果の法則である。すべてのものは原因があり成り立っている。原因と結果があるだけであって、そのものの実体はないのだ。心の法則も同じである。

例えば、この車は、誰かが「こんな車を作ろう」と心に描いた結果、このような形となって現れたわけであり、ただそれだけのことに過ぎない。誰かが描かなければ、この車は存在せず、最初から存在したわけではないのだ。そして、いずれは古くなり、巨大なゴミになってしまう。つまり、描いたものが形になっただけであり、この車自体に実体はないのだ。

「いや、ここにこうやって車としての実体があるじゃないか?」と思うかもしれないが、その車も交通事故に遭えば、ただのガラクタになってしまうし、スクラップされれば、ただの鉄屑になってしまう。だから、固定した実体はないのである。
また、この形のままだとしても、顕微鏡で見ればまた違うものに見え、望遠鏡で見れば、また違うものに見える。そこには、顕微鏡で見るという原因と、顕微鏡で見たときに映る結果があるだけだ。肉眼で見るという原因があって、私たちがこのように見える結果があるだけである。だから実体はないわけである。すべては無であり、あるのは相対的な関係だけなのだ。

しかし、この実体というものをもう一歩深く捉えると、実体がないのではなく、「そこには神があるだけだ」ということになる。**本当の実体は神しかない。**「無限がある」と言い換えることもできる。**存在しているのは神のみであり、この世のすべては神の顕れなのである。**神をエネルギーとして捉えたときに、エネルギーしかないのである。

釈迦は、非常に哲学的な面を持っていると思われる。哲学を追求していくその延長線上に涅槃の境地に達し、「即身成仏」という言葉が出てくるのである。これは、山を下から徐々に登っていって、頂上にたどり着いた生き方である。

釈迦には、人間中心の視点こそが人間を救うためには一番説得力があり、正しい方法論だという確信があったわけである。そのため、哲学的な教義を説いている部分がある。しかし、**人を根本的に救うには、神に目覚めることが最高の方法**なのである。

人間の苦しみはすべて心の中にある。それを存在するものとして捉えるのか、あるいは存在しないものとして捉えるのか、そのどちらを前提とするかで全く違ってくるのである。存在するものとして捉えたときには、存在するものとして立ち向かっていかなければならないし、それに対して一個一個解決していかなければならない。ところが、苦しみなどは存在していないと捉えたら、そんなことに関わる必要性がなくなる。苦しみなどは夢の中に存在するだけで、夢自体が存在しないのだから、ただ目を覚ませば、どんな問題でも一瞬にして消えてなくなるのである。苦しみは存在していないという大前提が必要なのだ。

釈迦の場合は苦しみが存在していることを前提にして、そこから出発している。釈迦にも、成長の段階があったはずである。もともと王子様として生まれ、外の世界に出て、人の苦しみを見て自分も苦しみ、何とかそのような人たちを救えないだろうかというところから始まったのである。

釈迦の卓越したところは、自分が「即身成仏」を悟ったときには、夢などは存在していないという境地に達したにもかかわらず、それを貫き通さなかったことだ。なぜならば、「苦しみなどは存在しないのだよ」と言っても、一般の人には理解できないからである。そして、一般の人たちに理解させるために方便を使ったのだ。釈迦は方便の超天才であり、自分は知っていても、知らないフリをして人々に合わせていたのである。

人が「苦しいんです」と救いを求めてきたときに、「うん、苦しいのは当たり前なんだよ」と言ってあげることによって、その人を楽にしてあげることができる。「苦しみなんてないんだよ」と言ったところで、それでは人は救われない。

私のところにもいろいろな人が相談に来るが、その人たちに「苦しみなんてないんだよ」と言ったら、「こんなに苦しんでいるというのに、苦しみがないとは何ごとだ！」と言われてしまう。「そうですね…。私もそうでしたよ。苦しいのはよくわかりますよ」と言ってあげたときに初めて共感を呼ぶ。そこでその人と立つ位置が合うのである。

釈迦は、「方便自在」といって、あらゆるチャンネルに自分を合わせることができたのだ。誰にでも合わせられるというのは、本当に悟った人にしかできない。本当の悟りとは愛であるから、自分を変幻自在に変えることができるということだ。釈迦は、悟りを開くに従って、それができるようになったようだ。哲学から始まり、即身成仏の世界にたどりつくというのは至難の技であり、普通では考えられないことである。大体の人は哲学で終わってしまうものだ。

真我は方便自在である。真我は愛であり、神であるから、あらゆる段階の人に合わせることができる。赤ちゃんには赤ちゃんに合った話し方が、大学生には大学生に合った話し方ができるのである。それができるのは、真我しかない。人間の知恵や思いやりの心だけでは、そこまではいかないのである。

＊　＊　＊

（「真我開発講座」を受講された小菅紗智子さんからの手紙）

佐藤先生、実は私、大きく変化しております。受講前は本当に生きているのがつらかった。でも今は違います。

受講後家に帰って二日目の体験はすごかったです。朝目が覚め、差し込んできた光が違ったのです。私に語りかけるように天からまるで生きているようにやさしくやさしく私の身体に差し込んできました。そして突然、身体の細胞が今まで感じなかったものが、そう私の中にもともとあった一部の細胞がウーン、ウーン、ウーンと言って目を覚ましてくるのです。身動きできず、手を合わせ、目をつぶり、細胞のすざましい目覚めをじっと待ちました。まさに細胞がスイッチオンになったという言葉がぴったりでした。

もしかしたら、私は子どもの死産、自分自身の死の体験等で、自分の細胞をとじていたのでしょうか？　とても信じられませんでした。私は自分の細胞はすべて完璧に生きていたと思っていたのですから。

本当に今までの私はかわいそうでした。だから苦しかったのですね。いつも長く生きられないと恐怖におびえていました。でも翌日からは違います。毎日生きている感動ばかりです。

私の両腕の細胞が皮膚の中でボコボコ動いています。眠る時も、いつも暗いのがこわかったのに、夜の闇がすばらしいと感じるのです。それは地球が生きているから。それを感じる私も生きているから朝になれば光が差すと思うとまたうれしいです。宇宙の営みはすごい、最高です！

そして、自分の身体に両親がいるのを感じ、二人からこの身体をもらったことを確かに実感しました。

そして、今朝、私の身体が光で輝いていくイメージがきました。そしてその時、私の使命がわかりました。神からもらったこの身体を光かがやかせて喜びで生きることこそが私の使命、これがはじめて身体の中からわき出てきました。本当にうれしいです。息子や、息子の友達にこの事をいっぱい話しました。私が変わった変わったと言って、受講したいと言っています。うれしいです。先生、私は生まれ変わりました。すごく健康な人と同じようになろうと無理や努力もしました。でもちょっと人と違った身体が自分なのだと、自分らしい生き方でいけばよいのですね。骨折した足のキズと共に身体はもとに戻りはじめました。まだヨチヨチ歩きですが、これからすべてがはじまると思う。本当に先生にめぐりあうことができ最高に幸せです。そして、やさしいスタッフの皆々様に心よりお礼申し上げます。

追伸　私は主人や主人の両親をうらんでいた事に気がつきました。でも、受講後はそういうものが自分になくすべて和合して私に語りかけてきます。主人の母とは電話ですが、苦労をかけ感謝が足りなかったことを話せました。足がよくなったら主人の父のお墓参りに行って、心から謝ります。ありがとうございました。

（原文のまま）

第三章

全人類が一瞬で目覚める瞬間がある

学ぶのではなく自分の中から引き出していく

真我を開いていくことによって、宇宙の法則という波に乗ることができる。本当の自由とは、宇宙の波に乗ることである。

釈迦の為したことと私の行っていることとは、その目的が仏に目覚めることという点では全く同じである。ただ何が違うかというと、私の方法は早くその境地に達することができるということ、そしてもう一つは、現代社会の中で実践に活かせるということである。

釈迦は、人々に説法をして回ったという。釈迦には、知恵があったためにいろいろな言葉が出てきた。言葉を知らなければ、そのことを多くの人に伝えることはできない。しかし、説法をするということはインプット、すなわち学びの世界である。

それに対して私が行っていることはインプットではなくアウトプットである。なぜならば、**宇宙の知恵はもともと一人一人の内にすでにあり、何も新たに学ぶ必要はない。だから、それをただ引き出していけばいいのだ。**

釈迦は対機説法をしていたが、これは仏教でいう小乗仏教である。大乗仏教とはその理論理屈もいらない世界であり、まさに真我に目覚めるということである。釈迦は、その両方の大切さを説いていた。「本当は対機説法などいらないんだ」、「真我に目覚めれば、一瞬の内にそういうものは超越できますよ」と言っていた。

しかし、理論理屈だけでも、ある程度の悟りの段階に導くことができるのである。今まで自分の壁だと思っていたものがどんどん消えていくのだ。

例えば、禅問答やブレイクスルーのように、従来の思考を一気に突破してしまう方法を私は「横のブレイクスルー」と呼んでいる。横のブレイクスルーとは、考えをどんどん広げて破っていく世界である。それに対して、真我を開くとは、縦のブレイクスルーであり、縦に突破していく世界である。縦のブレイクスルーができたときに、結果的に同時に横のブレイクスルーもできるわけだ。縦のブレイクスルーの究極は、宇宙と一体になることである。

心は多層構造になっている。**人の目や世間体ばかりを気にする心が最も浅い心だ。**その奥には、人目など気にしない自信に溢れた心や、いかなる人をも愛せる心が潜んでいる。奥に深く掘れば掘るほど、素晴らしい心がある。ちょうど空に高く上がっていくほど空気が軽くなるように、心も奥に入れば入るほど、軽やかになっていく。さらに、大気圏を抜けると重力が全くなくなるように、ある層を突き抜けると、内なる神の世界、大調和の世界に入っていく。そのように、幾重にもなった心の層を破って内側にと入っていくことが、私が言う縦のブレークスルーなのである。

縦にブレークスルーして真我を引き出していく過程は、ちょうど石油の鉱脈を掘り当てる作業にも似ている。石油を掘り当てるときは、ボーリングで地中深く真っすぐに掘削していく。簡単に鉱脈にまでは届かないが、それでもさらに忍耐強く掘り進めて行くと、やがて地中に眠っていた石油が次から次へと無尽蔵に溢れ出してくる瞬間が訪れる。それは、まさに真我を引き出す瞬間と同じだ。**真我を体感した瞬間、誰もが自分の中に眠っていた黄金の財産に驚愕し、感極まって感涙にむせぶのである。**

そのとき、真我の愛の思いが全身を駆け抜け、細胞の一つ一つが歓喜に満ち溢れるのである。そのことによって、すべての事象を調和の目で見ることができるようになり、今まで許せなかった人を許せるようになり、敵だと思っていた人も味方に見えるようになる。国境も宗教も人種も越えた大いなる愛の目で、すべてを見ることができるようになるのだ。

石油の鉱脈を掘り当てれば、そのことによって莫大な富を築くことができる。その富を社会に還元することによって新たな産業や文化の発展に貢献できるように、自らの真我を掘り起こすことができれば、心の中のあらゆる垣根を外すことができ、あなたの人生において今まで考えられなかったような自由な発想と行動が可能になるのだ。

つまり、縦のブレークスルーができれば、同時に横のブレークスルーもできるのである。

真我はいかなる複雑な問題をも自動的に解決する

親鸞上人は、「自ら然らしむるように、真理としてそうなるがままに作為を捨てて生きる絶対肯定のあり方が大切だ」と言っている。「絶対肯定」とは仏を全面的に信頼し、仏に従って生きるという意味である。言い方を換えれば、絶対肯定とは、宇宙の法則に沿うということでもある。

人間の業の世界では、さまざまな問題が糸のように複雑に絡み合って、解こうとあがいてみてもいっこうに解けないが、真我を開けば、その瞬間にパラパラパラ…と自然に絡んでいた糸が解けてしまう。最良の道を仏が作ってくれるのだ。それが自然法爾《じねんほうに》である。自然法爾することで、全部が自動的に解決する世界があるのである。真我を開くことこそが自然法爾である。自然法爾とは、全く一点の我もない状態になったときに動き出すという世界だ。即身成仏を悟ることによって、自然法爾が働くのである。仏を悟ることによって、仏がすべての物事を運んでくれるのである。

私たちの体は、例えば、食べ物を食べたときには、そのうちの必要なものを栄養分として消化吸収し不要なものを排出するというように、すべて自動的に行われている。**私たちの中で、神が自動的に働いてくれるのだから、余計な心配は何もいらないということだ。すべて神が働いてくれるのだから、神に任せればいいのである。**

問題に直面したとき、人間が考える解決策は無限にある。それに対して神の解決策は一つしかない。しかし、それはいつでも最善で完璧な解決策なのだ。
例えば、人間の一生も大体神が決めているが、私たちが不安を持ったり、悩みを抱えたり、人に恨みを持ったりして、人生を早く終わらせてしまうものなのだ。しかし、完全に真我に目覚めれば、神が与えた寿命まで生きることができるのである。

では、例えば、シマウマが寿命を全うする前にライオンに食べられるというのはどういうことかというと、それは死ぬことではないということだ。それは生きることなのである。なぜなら、シマウマの命がライオンの命に転化しただけだからだ。そのライオンが死ぬと、今度はライオンの命が雑草の命に転化され、さらにその雑草をシマウマが食べ、雑草の命がシマウマの命に転化される。そのように、動物が他の動物に食べられるということは、天寿を全うしていないということではない。命が転化されただけであって、それは生きているということなのだ。動物の場合は、自分の肉体の死をもって何かに活かしているわけである。

テロから奇跡的に難を逃れた実話

私が主宰する真我開発講座を受講したニューヨーク在住のKさんという女性がいる。その彼女が、真我を開くと不慮の事故から免れるということをまさに証明してくれた。これは私にとっても驚くべき出来事だった。

彼女は、ちょうどニューヨークで同時多発テロのあった前日の二〇〇一年九月十日、突然、目に黒いもやのようなものがかかったそうである。慌ててかかりつけの日本人の眼科医に診てもらおうとしたところ、あいにく眼科医は休診中だった。そこでやむを得ず翌日に大病院に行くことにしたのだが、そこでは日本語が通じないため、英語が堪能ではない彼女は、ご主人に翌日病院について来てもらうように頼み込んだのである。そのご主人が、テロで崩壊した世界貿易センタービルの八十二階で働いていたのだ。欠勤など一度もしたことのなかったご主人が、さすがに奥さんの異常ということで、初めて会社を休んだ。そして、翌日の朝、Kさん夫妻は、病院の待合室で、煙をもくもくと上げている世界貿易センタービルを目の当たりにするのだった。

その彼女から手紙をいただいたので、ここでそのまま紹介する。

＊　＊　＊

「二〇〇一年九月十日午後十時頃、突然右目の中央に黒い帯状の物がおりてきて、思わず怖くなり目をつむりました。ひょっとして網膜剥離かもしれないと思い、とりあえず明日一番で病院へ行かなければと思いました。

ところが、あいにくいつものかかりつけの日本人の眼科医の先生は先週から夏休みで休診中。別の病院へ行くことにしたのですが、言葉の問題で心細く、主人に連れて行ってもらうことにしました。

九月十一日、朝八時三十分頃、病院へ着き、待合室で待っていると、しばらくして妙に外がサイレンの音で騒々しくなりました。何だろうと思っていると、待合室にいたある人が、私と主人を隣の部屋へ連れていってくれました。

その部屋の窓から見えたものは、黒煙をあげ燃えているワールドトレードセンターの信じられない光景でした。見た瞬間体に震えが走り、絶句してしまいました。実は、主人はあのワールドトレードセンターの八十二階で働いていたのです。しばらくすると、ビルは崩壊し、跡形もなくなってしまいました。

その光景を見ながら、私は「真我」のおかげで主人の命は助かったとまず思いました。神様が私を通して、主人を会社へ行かせないようにして下さったと思いました。

前夜、私の目の調子が悪くなったこと、そして、その日に限って、日本人のかかりつけの医師が休診だったこと、どう考えても偶然にしては出来過ぎです。

私は前年の七月に「真我開発講座」の未来内観コースを、九月に宇宙無限力体得コースを受けていました。七月にはじめて受けた時、「真我」が究極のものであることを体感し、これからは「真我」を開くことだけをいつも頭において過ごそうと決心しました。ただ日本を離れているので、その後講座を受けられず、「真我」を開き続けていくのに苦労しました。でもそのおかげで思いがけない良い出来事は多々ありました。

でも、今回ほど「真我」のすごさ、有難みを感じたことはありません。本当に「真我開発講座」に出会えていてよかったと心から思いました。

幸いにも、私の目も硝子体がはがれただけで大したこともなくすみました。後でわかったのですが、主人がいた八十二階では、日本人十二名が行方不明になっています。

本当に真我に出会えて良かったと思います。みなさま本当にありがとうございました」

（原文のまま）

悟りの手法には発展がみられなかった

昔の聖者たちは、悟りを開かせるためにひたすら座禅を組ませた。それが悟りを開く一番の早道だと考えていたわけであり、今もなお、座禅に取り組んでいる人はたくさんいる。

しかし残念ながら、その手法に進歩がない。大昔の方法をいまだに忠実に継承している。科学の世界がこれだけ進化しているのに比べ、なぜ精神世界が遅々として進化してこなかったのだろうか。教えるべき立場の人々が、知恵を絞るということを怠ってきたのではないかと思うくらいである。本当は、悟りの追求に対しても、時代とともに進化して然るべきである。もっと自由に考えるべきだ。

ちょうどそれは、東京から九州まで行くのに、「蒸気機関車でよい」といつまでも言っているようなものである。特急電車ができ、新幹線ができて、さらには飛行機まであるように、精神世界ももっと進化していいはずだ。

私は悟りの世界も、科学と同じように捉えている。私の方法が今のところ最も早くて効果的な方法だと思っているが、さらに早くて効果的な方法があれば、すぐにそちらを実行する。またそうあるべきだと思う。

座禅以外に悟りを開くための方法として、山に篭ったり、断食をしたり、滝に打たれたりといった難行苦行がある。そういった難行苦行をすることによって、頭で考えることをはずさせようという狙いがある。確かにそれも一つの方法だ。

しかし、私は生命の悟りを得るのに、そんなに難しい修行をする必要はないと考えている。もっと軽やかに悟りを開くことはできるはずだ。**なぜ、心臓が動いているということを悟るのに、そんな難行が必要なのだろうか？修行して心臓を動かすのではなく、心臓はもともと動いているのだ。**

道元も「すべてが仏であるなら、この自分もまた仏であり、すでに自分が仏そのものであるなら修行によって仏になるということはないはずだ。ならば、なぜ修行する必要があるのか」と言っていた。

戸塚ヨットスクールというスパルタ教育の塾が話題になったことがある。あれは、命の大切さを子どもたちに悟らせるために、わざと子どもたちをヨットから海に放り投げたりしていたようだ。そのような方法も一理あるが、しかし、それには大変な危険が伴い、また、恐怖心を植えつけてしまう可能性もある。できれば、そのような危険が伴わなくても悟らせることができた方が良い。

輪廻転生はある

輪廻転生については、今のところ証明することはできず、その真偽について断定することはできないが、しかし、輪廻転生はあると仮定した方がさまざまなことを説明しやすくなることは確かだ。なぜならば、世の中には、遺伝子の記憶だけでは考えられないような記憶を持っている人が大勢いるからである。

また、証明できない輪廻転生の有無を議論するのではなく、現世を生きる上で、輪廻転生があると認めた方が良いのかどうかという問題がある。私は輪廻転生はあると認めた方が、現世を生きる上では良いと捉えている。なぜなら、もし来世がないとしたら、人に隠れて悪事を働き、自分だけ良い思いをして死んでいくような要領のいい人間が幸せに見えてしまう可能性があるからだ。しかし、現世の行いが因果応報として来世で戻ってくると捉えると、悪事を働こうとする人は少なくなるはずである。倫理的にいうと、そのように捉えた方が問題は起きずらくなる。

私が捉えるキリスト教の本質とは

キリスト教では、「人間は神の子」とも「人間は罪の子」ともいう。一見全く正反対のことを言っているが、真我を自分と捉えたとき「神の子」になり、業や頭を自分と捉えたときには「罪の子」になるという意味に捉えることができる。

キリスト教では、人間はみな原罪を持って生まれているために基本的には救われないのだが、「イエスを信じることによってのみ救われる」という教義になっている。ここでいうイエスとは、肉体を持ったイエス・キリストのことを指しているのではなく、イエスとは、真理であり、神であり、法則であり、真我そのもの、愛そのもののことを指していると私は捉えている。

イエスが真理ならば、「最後の審判」のときが来るというキリスト教の理論も間違いではなくなる。人類がこのまま真理に反して生活していたら、やがては当然ながらそれだけの酬いを受けることになるであろう。

キリスト教でいう地獄とは、ぶつかり合い、修羅の世界、分離の世界である。反対に天国とは、一切ぶつかり合いのない大調和の世界である。すべてが一つに調和している世界である。天国も地獄も決して肉体が滅びてから行く世界というわけではない。肉体を持っているいないとは関係がなく、また、同じ場所にいながら、天国に住んでいる人も地獄に住んでいる人もいるのだ。

キリスト教では、創造主がいて、創造主に創られた宇宙や私たち人間がいるという二元論が前提になっている。しかし、神と私たち被造物とを分けるという考え方は、本当は間違っている。犬の子は犬、猫の子は猫であるから、神の子は神なのである。であるから、私たちも神そのものなのである。

これはあくまで私の推測であるが、イエス以降にキリスト教を伝えてきた人が、イエスが説いた真理を捉えきれなかったために、いつのまにか二元論になってしまったのではないかと考えている。イエス・キリストのような高い意識を持った人はほとんどいないから、真理のことを正しく理解することができなかったのだと思われる。

真我こそが本当の聖書なのである。真我こそが本物の仏典なのである。**本物は書物にあるのではなく、私たち自身の中にある**のである。あの聖書は、聖書を書き記した人の次元でしか表されていないのだ。

「右の頬をぶたれたら左の頬を差し出せ」というような言葉がある。人の頬を叩くということは、その人によほど憎い感情があるということだ。ということは、一回叩いたくらいでは、その人の気持ちは解消されない。だからそこで、「もうわだかまりはないですか？　どうぞ完全に解消してください」という意味でさらに相手に殴らせるのである。相手には業があり、自分にも相手の業を引きつける業があるから、相手の業と自分の業を消すためにも、もう一回殴られるくらいでちょうどいいという意味なのである。

そこで殴った相手に対して被害者意識を持ってしまうと、今度は相手に罪の意識が残る可能性がある。そのときに、「ありがとうございます。本当に勉強になりました」と言えば、相手はもう業を背負わなくなる。悲観的な捉え方をしてしまうからお互いに業が残ってしまうのだ。

性善説と性悪説という二つの相反する考え方があるが、性善説とは、人間の奥には真我があるということを言っている。それに対して性悪説とは、業の部分を指している。キリスト教で「人はみな罪人である」というのも、やはり業の部分を指している。

「罪を憎んで人を憎まず」とは、過去の業を憎んで真我は憎む必要がないという意味である。罪人というのは、神の意に沿わないで行動する人のことを言う。宇宙の法則に沿って生きれば、誰もが「神の子」になれるのだ。

私たちは、脳（頭）で物事を考えることを一番にして生きてしまうが、その脳自体を作ったのは誰なのかを考えてみる必要がある。その観点から捉えて生きるようにすると、私たちは徐々に神の子に近づいていく。しかし、現代人の多くは、脳で考えたことを一番正しく、一番偉大なことだと思い込んでいる。そういう人たちのことを罪人と言うのだ。その意味では、「人はみな罪人である」という言葉は真実でもある。

人間は神の意に沿うこともでき、逆に神の意を無視して自分の考えで動くこともできる。だから、人間は「神の子」であると同時に「罪の子」でもあるのだ。かといって二重の存在というわけではない。本当はみな「神の子」でしかないのだが、二重の存在のように見えるのである。本来は実相しかないが、仮相の世界に生きているように見えるのだ。私たちは夢の中で生きているようなものなのである。

キリスト教で言う原罪とはカルマ（業）のことである。ということは、カルマのない人のことをキリストと言ってもいいのである。たまたまその時代にはイエスしかいなかったから、イエスだけが神の子だと言っているわけである。しかし、実相だけが真実であるから、本来は誰も原罪などは持っていない。故に、本当は全員がキリストだと言っても間違いではないのだ。

脳を使うことが原罪なのではない。神の意に沿った脳の使い方をすれば、それは原罪ではないのだ。神の意に沿って知恵を使うことは大いに良いことなのである。例えば、ある先生のところに弟子入りをしたのに、その先生の教えを無視して自己流にやれば罪ということだ。先生の意に沿って学べば、そのような人が本当の一番弟子になる。

人間の原罪とは、自己流の知恵を身につけてしまったことを言うのだ。知恵そのものが罪なのではなく、**神の知恵ならばそれは罪ではない。人間の浅知恵が罪なのである。**

キリストがいた時代には、キリストほどカルマのない人はいなかったということなのだろう。しかし、これからは全員が真我に目覚め、カルマをなくしていけば、みなキリストのような神の子になれるのである。そして、いち早くそうなれた人が精神世界のリーダーになるのだ。原罪を持っている人と持っていない人が議論をしても始まらない。原罪を持っている人は、原罪を持っていないリーダーの意に百パーセント沿わなければならないのである。そうしなければ、いくら議論を重ねようとも、原罪を消すことは永久に不可能なのである。

最後の審判の時期が、いま一秒ごとに近づいているのは事実である。地球の温暖化や砂漠化、森林伐採といった環境問題、戦争、病気などあらゆる面の問題が地球規模で起きている。最後の審判のときが来るというのは、これらの問題が拡大していった結果、人類がこの地球上に住めなくなるときが来るということを指している。

今の人類は、自分たちの脳で考えたことを一番にして行動しているから、宇宙の法則にも地球の意にも沿っていない。すると、最後には宇宙の法則によって裁かれるときがやって来る。しかし、その中でも法則に沿って生きている人だけが、ノアの箱舟によって救われるというわけだ。

カルマ・業というのは、人間が脳で考えた結果として残るものであり、神の意に沿っていたらカルマは一切残らない。カルマをたくさん背負っている人がいわゆる地獄に落ちるのである。カルマがなくなっている人は、時間とともに天国に向かっているのである。

天国と地獄はすべて心の世界にある

天国とか地獄とは、ある一定の場所のことを言っているのではない。それは心の状態のことを言っているのだ。心が大調和していれば天国、不調和なら地獄にいるということである。生きながらにして、天国にも地獄にも住むことができるのだ。

天国とは真我のことをいう。地獄とはカルマの世界である。真我が本当の自分であるから、天国はすでに私たちの中にあるのだ。

自分で地獄というものを認めたときに地獄に落ちるのであって、それは自分だけの一人相撲のようなものである。幸せな家庭の中にいても「私は不幸だ」と言っていたら不幸になるのと同じだ。本体そのものはいつでもみな天国にいる。もうすでに私たち七十一億人は天国にいるのだ。そのことに目覚めればいいのである。

本当は地獄などは存在しないが、地獄だと思っている存在があるのだ。真我そのものが天国であるから、私たちはすでに天国にいる。

すべて心の世界である。過去の記憶に縛られて、地獄だと思えば地獄だが、真我が完全に自分のものだと思えば、その場から天国になるのだ。地獄と天国は内なる世界にあるのであって、外の世界にはない。

肉体が滅んでも、想念がそのまま縛っていたとしたら、死後もその延長になってしまう。真我を悟ることができず、苦しみの想念そのものを自分だと思っていたら、肉体がなくなってもその想念だけが残る場合がある。それを霊体もしくは幽体と言う。肉体があろうが滅びようが、天国を見たときはいつでも天国、地獄を見たときは地獄なのだ。

本当は天国しかないが、私たちはそう思えない状況が目の前に現れたときに、どうしてもその現象にとらわれてしまう。今抱えているものが強烈であればあるほど、その現象に引っ張られてしまうのである。たとえ目の前にいる人にいかめしい顔で怒鳴られたとしても、その時点では実はまだ問題は何も起きていない。ところが、自分の心の中で問題が起きてしまうのである。

しかし、そのような場合でも、すべての人は真我そのものであるという強い確信を持っていれば、その状況にとらわれずに済む。さらに強ければ、相手をも一瞬で変えることもできるのである。どれだけ偏屈な人であっても、こちらが光になって接していけば、相手の闇は消えてしまうのである。**いかなる悪人でも、善人に変えてしまうことができる。ただ真我を開いて、愛そのものになっていればそうなれるのだ。徹底的に真我を開いていけばよいのである。**

宇宙という言葉についてもいろいろな解釈がある。宇宙の中に天国も地獄もあるという言い方もできるし、聖書で言うように天国の中に宇宙があるという捉え方もできる。一番精妙な世界が天国であり、精妙であるほど広いと捉えることもできるから、そういう意味では天国の中に宇宙があると捉える方が正しいかもしれない。天国とは神そのものであり、すべてのすべてだから、一番大きなものなのである。

しかし、天国も宇宙も、あるいは無限空間というのも、すべて言葉の解釈の問題であり、人間が勝手に区別をしたものに過ぎず、究極を言えば、すべては一つしかない。

神が人間たちを裁くと捉えている人たちがたくさんいるが、本当は神が裁くのではなく、自分たちがやったことがただ返ってくるだけなのである。天に向かって唾を吐いたら、それが自分に戻ってくるということに過ぎない。真実は、神が人間に手を下すわけではない。

この宇宙には、自分がやったことが自分に戻ってくるという因果の法則が働いている。だから、裁いた者は裁かれ、与えた者は与えられ、奪った者は奪われるのである。すべての結果には、必ずその原因がある。そしてまたその原因にも、それを生んだ原因がある。

旧約聖書では、神がモーゼをつかわして迷える民を処罰したことになっているが、本当は神が裁いたわけでもモーゼが裁いたわけでもない。神が手を下さなくても、いずれは自分の蒔いた種が自分に返ってくるのだ。

ただし、モーゼが本当に神のつかいそのものだとしたら、人間たちに早めにそのことをわからせてくれたと捉えることもできる。巡り巡って結果が出るのを待つのではなく、その場で結論を出してしまったということである。

わかりやすく言えば、今ここで悪事を働かせた人がいたとして、その人は放っておいても裁かれるが、今その場で頭をたたいて教えてあげたということだ。そう考えると、その方がより愛があると捉えることができる。

真我はキリスト教でいう天使にあたり、業はサタンにあたる。常にこの二つに分かれるのである。

脳で考えることを一番にすることはサタンである。脳で考えることはすべて妄想の世界だ。サタンは妄想であり、妄想の世界はどこにも存在しないのだから、サタンなどは実在はしないのだ。

妄想は脳から出たものであるが、その脳を創ったのは神であり、脳もまた神であるから、妄想のもとはやはり神でもある。サタンももともとは天使だったというのは、実はそういう意味なのだ。

蓮の花は泥沼の中に咲く。ちょうどそれと同じく、世の中にカルマが充満すればするほど、その反作用として真我に目覚める人が現れてくるのである。それは戦国時代に英雄が現れるのに似ている。カルマが充満して人類全体が危機に陥ったときに、まさしく真我そのものの人が現れてくるのである。

事業を営んでいても、苦しいときにこそ、「何とかしなければ」という強い意志からいろいろな知恵が出てくるが、苦しい状況に追いこまれてこそ、魂の磨かれた人が出現するということだ。

「イエスの降臨」とは、真我そのものの人が地上に現れるということを指している。あるいは、人が真我に目覚めること自体を指している。特定の誰彼ということではなく、次々とみなが真我に目覚めていっても何も不思議ではない。つまり、この場合のイエスとは、真我に目覚めた人のことを総称して言っているのだ。

聖書の解釈の仕方も、従来のようにキリストを一人の固有の人物として捉えるのではなく、目覚めた魂の総称としてキリストを捉えるようにするべきだ。従来のような捉え方だけでは、闘いが始まってしまう。ということは、現代社会にはもうふさわしくなくなってきている可能性もある。イエスのいた時代は、まだ大衆のほとんどが文字が読めなかったり、理解する力が未熟だったために、わかりやすくするためにイエスという一人の人物の物語として知らしめたのである。しかし現代は、全体の知識レベルも理解力も上がり、より本質的なことを伝えていけるはずなのである。

キリスト教に限らず、イスラム教でも同じである。今までのような理解の仕方では、お互いが敵対視し、闘いの元になってしまう。であるから、私はキリストを真理だと断定して言わないのだ。イエス・キリストを真理だと言い切ってしまうと、クリスチャンは受け入れられるが、他の人たちは受け入れられないか反発を覚えることになるからだ。

同様に、仏陀とは、ゴーダマ・シッダルタという特定の人物のことを指しているのではなく、真理を悟った人の総称なのである。本来、仏陀もキリストも全く同じ意味なのだ。

心の貧しい人こそが救われる

罪人であることを自覚した人は、実は天国に近い。自覚しない人は天国に遠い。ましてや、真我を自覚しないで「私は立派だ」と自惚れてい

る人は、最も天国から離れている。このような人は、カルマを背負っていることに気づいていないのだ。

イエスは、「心の貧しい人は幸いである」「悲しんでいる人は幸いである」と言っている。「心の貧しい人」とは、自分に自惚れることがない人のこと。「悲しんでいる人」とは、間違っていることをわかっている人のことだ。悪いことをして「悪いことをしてしまった…」と反省して落ちこんでいる人のことである。逆に、「自分は悪いことなんかしていない」と思って悪いことをしている人間は一番厄介である。いくらでも同じことを繰り返すからだ。

親鸞上人も同様のことを「善人尚もて往生をとぐ、いわんや悪人をや」という表現で諭している。ここで言う善人とはカルマの少ない人、悪人とはカルマの多い人のことを指している。「カルマの少ない人でさえ救われるのに、ましてやカルマの多い人が救われないわけがない」という意味だ。つまり、カルマの多い人は必死に救いを求めるから、カルマの少ない「自分はそこそこ幸せだ」などと思っている人よりも、はるかに救われやすいということなのである。キリストと親鸞は非常に似ているところがある。

善人も悪人も、天から見て大差はない。罪を犯したことがたまたま見つかったか見つからなかったか、その行為がたまたま裁かれたか裁かれなかったかだけの違いである。

また、釈迦はこんなたとえ話をしている。ここに焼け火鉢があったとして、それが熱いことをわかっていて触った人と、わからないで触った人とでは、どちらが被害が大きいかと。わからないで触った人の方が大やけどをする可能性が高いのである。これは、「私は罪がないまともな人間だ」と思っている人の方が、救いづらいという意味である。「私にはこんな罪があるんだ」ということをわかっている人は、それほど大やけどはしなくて済むものだ。

過去の宗教戦争はみな「自分たちこそが絶対に正しい」と思っているが故に起きた。「自分は正しい」という観念を強く持っている人の方が、大きな争いごとを起こしている。しかし、「私は間違っているかもしれない」と謙虚に思える人は、それほど問題を起こしたりはしないのだ。

自分には問題がないと思っている人は本当の真実を知ることはできないが、大きな問題を抱え苦しんでいる人は真剣になって救いを求めるから、真実を知ることができる。

同じように、逆境に置かれている人は順境にいる人よりも救われやすい。会社の倒産や解雇という現実に直面することによって、今まで顧みなかった自分自身を見つめ直すことができ、魂の次元では大きな気づきを得ることができるからだ。

逆に、私たちは順風満帆に物事が運んでいるときこそ、最も気をつけなければならない。そのようなときには、どうしても傲慢になったり、人を見下したりしてしまいがちである。それは真我から見ると、むしろ後退していることになる。現世的な成功と魂の成長とは全く正反対ともいえるのだ。

私のところに来られて大きな気づきを得る人は、大きく分けると次の二つのタイプだ。一つは、現在大きな問題を抱えている人。その人は、その抱えている問題の分だけ大きく気づける可能性が高い。もう一つは、悩みや問題を抱えていなくても、本当の自分の本質は何か、自分とは誰なのか、何のためにこの世に生きているのかということを真剣に求めている人である。このような人も大きく気づくことができる。

逆に、なかなか救いづらい人は、ほどほどに幸せを感じていて、それ以上は深く求めようとしない人だ。魂の次元では、そのような人はほとんど進化しないまま人生を終えてしまうことになる。

＊　＊　＊

（「真我開発講座」を受講されたある中学校の女性教師からの手紙）

自分がセミナーを受けてから真我が開いたはずなのに、主人との関係はますます悪くなり究極までいってしまった。私のせっかく開きかけた真我の光も、少しどころかだいぶ小さくなってしまうのが自分でわかったし一刻も早くこの鬼のような主人と縁を切りたくて、でも心の底で「佐藤先生、何とかこの状況を助けて下さい」という気持ちで私の実母もまじえて三人で先生のところに相談に行きました。すると、とうとうセミナーを主人も受けるという信じられない言葉がかえってきました。

そしてセミナー後主人は、まるっきり別人のようにやさしくなり、感謝と直観力がものすごい出てきたと毎日のように言っています。夫婦仲もまだセミナーが終わって数日ですが元に戻り、いや元以上に何か心が一体となって深まっているので驚いています。ケンカもしなくなりました。

主人は「今度は二人で絶対、未来内観コースを受けるんだ」と言ってくれていま す。そして毎日のように（主人のセミナーが終わってから）不思議な事が次々に起きています。以下それを書きます。

セミナー後、私の父方の弟（もう仏様）が私の夢枕に立ち「のどが渇いて苦しいので水をくれ、あとお線香もたててくれ、そしたらオレは成仏するから」と言って消えたのです。翌日、夫婦二人で墓参りしました。

もう一つは、私はセミナーを受けてカルマを取りきれたと思っていたのに、なぜか急にモヤモヤしてイライラしてきたのです。誰のせいとかでなく心の底から「私はどうしても、どんな男とでも離婚したくなる」「幸せになればなるほど、それを自分でこわしたくなる」という叫びです。主人と買い物にスーパーに行ったら、こんなふうになったのです。家に帰って主人が「佐藤先生はサイババレベルで人の潜在意識に入ってこれるんだ。あの人は神だ、人間じゃない」って言うのです。そして「オレにもその力は少しついたのでオレの目を見ろ」と言われ、言うがままに主人の目をじっと見たら私はじわーっと悲しくなり、小学3、4年の頃の自分に心が戻りました。

夜ふとんの中で泣いている母のそばで、私も声をころして毎晩のように泣いていたのがよみがえってきたり、夜中、川のそばを冷たい風にふかれて母と途方にくれてさまよっている、おさない自分の情景がよみがえってきました。私は、わ～んと心の底から泣けてきました。カルマが出てきたのでしょうか（残っていたものが）。一気に残っていたカルマが出てきたのです。なんと父が母とは別の愛人を家に入れ、隣の部屋でその女と毎晩寝ていたのです。そういう異常な生活がよみがえってきました。私は母には親孝行するけど父にはいつか復讐してやると思っていたのです。そういう感情がセミナー後に出てくるなんて不思議でした。でも今は父にももちろん感謝でいっぱいですのでご安心を…。

そして主人を今は心から大切に愛でつつんであげたいと、いとしくなりました。本当によかったです。小冊子、毎日寝る前に二人で声をあわせて読んでいます。

あと、一時的ですが、急にまた自分の体がいとしくなり「ごめんなさい、ごめんなさいありがとう」と自分を自分で抱きしめオイオイ泣いています。体に「これからは、うんと大切にしてあげるね」と約束しています。

父、母に対しての感謝が猛烈に出てきました。毎朝、感謝で泣けてきます。「お父さん、お母さん、ありがとうございます」

妹がやはり病気で入院していますが、私が完全になったとき妹も治るという確信が出てきました。

以上ですが、また変化があったらその都度お伝えします。

毎日、私たちを見守ってくれる佐藤先生、そして相談にのってくれるスタッフ全員に感謝しています。本当にありがとうございます。

（原文のまま）

全人類が一瞬で目覚める可能性がある

天国に行けるのは、全くカルマのなくなった人だけである。それは聖書で教えている通りであり、原罪が完全になくなった人だけが天国に住めるのだ。カルマにも段階があり、カルマをたくさん背負って低い次元で生きている人は、高い次元の世界には住むことはできない。次元の違いによって住む場所も異なってくるのである。

例えば、仕事を一生懸命やっている人たちばかりが集まっている場所には、毎日お酒ばかり飲んで仕事もしないような人はいられなくなるだろう。仕事をしない人は苦しくなってその場所にはいられないのではないか。これと同様に、天国にはカルマをたくさん持っている人は住むことができない。それはエネルギーが違うからである。

テレビでは4チャンネルに合わせていたら、4チャンネルの番組しか見られず、4チャンネルに合わせながら6チャンネルや8チャンネルは絶対に見ることができない。それと同じように自分の次元の世界にしか住めないものなのである。

大きく分けると、この世界は大調和と不調和の二つしかない。大調和が天国、不調和が地獄だ。厳密に言えば、段階を歩んでいるうちは、まだ天国ではない。しかし現実には、カルマを持っていない人はほとんどこの世にいない。カルマの世界は地獄だから、私たちは、天国に行けるようにしなければならないのである。

現在は、地球全体がカルマの世界を歩んでいるが、なかには逆に天国の世界に向かっている少数派もいる。一方では戦争をしているが、その一方では平和にしようと運動している人たちも大勢いるのだ。

今はまだ天国の世界に向かっている人は少数派だ。しかし、ある時期が来れば、全人類が一挙に変わる可能性がある。それは、ちょうどコペルニクスが地動説を唱えたことがきっかけで一挙に人々の認識が変わったのと同じようにである。**人間の意識は一挙に世界を変えることができるのだ。**
それは、まさに全員が夢から覚めるようなものである。夢を見ていてもパッと目が覚めたら、それが夢だったということに一瞬で気づく。まさしく、そのような瞬間がいつ来ても何らおかしくはない。

目覚めた人の数が徐々に増えていき、そのような人たちが政治的権力や影響力を持ち始め、大衆に影響を及ぼしていくといった変化の仕方ではない。地球が太陽の周りを回っているというのは紛れもない事実であるから、その事実に気づくには時間はかからない。全員が地球を中心に太陽も惑星も回っていると信じ込んでいても、そうではないという事実を知れば、全員が一瞬に認識を変えることができるのだ。これくらい劇的ともいえる転換が意識の分野で起きる可能性が十分に秘められているのだ。

子どもに天国と地獄をわかりやすく教える

もし小さな子どもに天国と地獄のことを教えるとしたら、このように話すのが適当だろう。「良いことをしたら天国に行けるし、悪いことをしたら地獄に行くんだよ」と。それくらいの言い方に留めておくのが、一番わかりやすい。そして、もしその「良いこと」と「悪いこと」の区別がわからないようなら、「自分のためだけを考えて行動したり、人を陥れたり傷つけることが悪いことなんだよ。相手のためを考えて行動することは良いことなんだよ」と教えてあげることである。

今、そのようなことをはっきり言う先生があまりにも少ない。「これは良いこと」とか「これは悪いこと」と明確に言ってあげた方がメリハリがつき、子どもにとっても良いのである。子どもにはそれ以上深いことはわからないから、それ以上教える必要もない。

天国、地獄とは、死後の世界のことだけではない。人を殺したら、その人は生きながらにして地獄の苦しみを味わわなければならず、悪いことをしたら刑務所に入らなければならない。だから、死後の世界もこの世も同じなのだ。

「もし友達をいじめたら、いつかは仕返しをされるでしょ。地獄もそれと同じだよ。ケンカをしたり奪い合ったりばかりしている所なんだよ。天国はそういうことがないんだよ。みんなが仲良く生きられるんだよ」と言ってあげるとわかりやすいはずだ。

個体意識のままなら人類は滅びる運命にある

エゴの道が地獄への道、真我の道が天国への道である。エゴとは個体意識のこと、真我とは全体意識のことである。自分のため、家族のため、会社のため、国のため、そして地球のためというのは、スケールこそ違ってはいるがいずれも個体意識、エゴである。本当の全体意識は神しかない。神という全体に向かっているか、個体の方に向かっているか、どちらかしかないのだ。

では、戦争に駆り出されて、自分の命を犠牲にして国のために戦ったとか、過激な宗教団体の信者で、自分をなくして教団のためにテロを起こしたというのはどのように捉えたらいいのか？　そのような場合は、その人は確かに自分をなくしたという捉え方もできる。しかし、それは「国のために」自我をなくしたのであって、それは神の全体意識になったわけではない。神の全体意識になっていない証拠に、それらの行為は、すべての人から認められることではない。むしろ、そのことによって憎しみや恨みという不調和を起こしてしまう。ということは本当の全体意識ではないのだ。

人類の多くが全体意識に目覚めると、社会が劇的に変貌を遂げることは間違いない。どのような社会になるかと具体的に予測することは簡単ではないが、今現在、私のところで真我を開いた人たちが、現実にどんどん変化しており、彼らの変化を見ていれば、おおよその予測を立てることは可能だ。

例えば真我を開くと、元に戻ろうとする神の力が働き、病気を持っている多くの人は病気が改善していく。ということは、今後病気がなくなっていくことが予測できる。医療の仕組みも随分変わっていくに違いない。

また、人間関係のもとになる親子関係や夫婦関係が見違えるように良くなることから、人との争いごとやトラブルなどが激減すると考えられる。

さらには、奪おうとか自分だけ勝とうという発想から、人に与えよう調和して生きようという発想に変わるため、資本主義というシステム自体も変わっていくことだろう。

産業も変わっていくと予測される。核兵器などの開発に投資されていた資金が宇宙開発のための投資にまわり、他の惑星に住めるようになれば、どんなに地球上の人口が増えようが食糧問題などもなくなる。宇宙エネルギーなどが開発され、エネルギー問題も解決することだろう。

預言者とは、このままいったら未来はどうなるということを言い当てる人である。これに対して救世主は、その預言を変える人のことだ。「このままいったら人類はこうなる」と予測する人と、人類を変えようとする人とでは、仕事が違う。預言者と救世主とが手を合わせて仕事をすれば、とても良い仕事ができるに違いない。

今のまま、人間のカルマが膨張の一途をたどれば、やがては間違いなく人類は滅亡に追いこまれることだろう。それは地球の環境破壊によって引き起こされるかもしれないし、戦争や核兵器によるものかもしれない。あるいは、病気の蔓延によるものかもしれない。環境問題も戦争も病気も、すべては人間が脳だけで考えたことを実行した結果である。そのあらゆる要素が、競って人類を襲ってくるようにさえ感じられる。何によって滅亡するかはわからないが、カルマからの発想は宇宙の法則に反しているから、確実に人類は自らの首を絞める運命をたどっていくことだろう。そのことを聖書では、「この宇宙は火に焼かれる」というような表現で示している。

イエス・キリストは磔の刑に処され肉体が滅んだことにより、よりイエスになったといえる。肉体を持っている限りは、イエスといえども少なからず業を持っていたはずだ。それが肉体を失うことによって、本物のイエス、神になったのである。

イエスですらそうなのだ。ましてや普通の人間は、今の段階では業から完全には逃れられないのである。ただし、世界中の人が神意識を持ち始めたら、あるとき一気に全員の業が完全になくなってもおかしくはない。台風で吹き飛ぶように、一気に消えるかもしれないのである。

肉体そのものは神である。ただ私たち人間がその事実に気づいていないだけである。本来、肉体とカルマは何ら関係はない。カルマを持っているとそれが病気となって肉体に現れるということはあるが、肉体自体はもともと神なのである。

遺伝子は業・カルマであるが、遺伝子のその大本はやはり神なのである。記憶にも、神の記憶とカルマの記憶がある。私たちの目は二つあるが、鼻と口は一つしかない。それが神の記憶、生命の記憶だ。神の記憶は人間みな同じである。それに対して、人間一人一人みな顔かたちが違ったり性格が違うのは、カルマの記憶が違うからである。
究極をいえば、生命そのもの以外は全部カルマと言ってもいいのだ。生命とは宇宙の完全なるリズム、宇宙の法則のことである。神は宇宙の法則だけである。私たちはみな宇宙の法則によって生かされているのである。

第四章

人間は神そのものの意識になれる

究極は一つ、神の原理があるだけだ

天と地、陽と陰、プラスとマイナスとを分けるのは相対的な捉え方である。そのような相対的な捉え方は真実ではない。宇宙には天も地も、陽も陰も、プラスもマイナスも、能動も受動もない。究極はただ一つ、神の原理があるだけだ。

神は原理そのものである。神が原理を創ったのではなく、原理そのものが神なのである。

生きとし生ける森羅万象すべてのものが神であり、**この宇宙には神というただ一つがあるだけなのである。**そこに相対は存在しない。であるから、本来は天と地を分けるべきではない。その意味からいえば、「天においてなされることが地上において現れる」という表現は真実ではないのだ。地上に現れたこともすべて天であり、地上にあるものも、天にあるものも全部が一つなのである。地上に現れているものも現れていないものも、すべて天の現れ、神の顕れなのである。

人間を神と捉えたら、戦争も闘いも病気も一切存在しない。何も最初から起きていない。何者も死んではいないのである。神は最初から死んでもいないし、生まれてもいないし、何も起きていないのだ。

実相とは神のことである。真我とは神のことである。神には戦争も病気も闘いも憎しみも恨みも何もないのである。

私たちの目にはさまざまな出来事が映り、私たちの耳にはさまざまな情報が入ってくるが、それは私たちの五感で見たり聞いたりしているだけであって、神の世界にそのようなものはない。この真実がわかれば、初めてすべての謎が解けてくるのである。

人はみなそれぞれに悩みを抱えているが、**私のところで真我を開くと、その瞬間に「悩みなどどこにも存在していなかったんだ」ということがわかる。全部は自分の妄想だったということに気がつくのだ。**そのことがわかったときに、悩みはもちろん、病気も社会のあらゆるトラブルも全部消えてしまう。すべては幻だったのである。

私たちの真実の姿は真我であるが、それに対して、私たちが五感で捉えて自分と思い込んでいる姿のことを「偽我《ぎが》」と言う。真我が真実の自分、偽我は偽の自分である。真実は真我しかなく、偽我はどこにも存在しない。

真我は神であるから、神の世界に悩みや病気や苦しみがあるはずがない。悩んだり苦しんだりしているのは、あくまでも偽我の世界であり、偽我はどこにも存在しないのだから、悩みも苦しみも病気も本当は存在しないのだ。

このことを私たちが夢を見ている状態にたとえることができる。私たちは、怖い夢を見ると寝汗をかいたり、金縛りにあったり、ときには悲鳴を上げたりする。しかし、目が覚めると、その瞬間に夢は覚め、今見ていたものが夢、幻だったことに気づく。ところが体はまだ寝汗をかき、心臓は怖さにドキドキと脈打っている。夢はどこにも存在していないにもかかわらず、存在していないものに私たちは苦しめられているのだ。**私たちの悩みや苦しみやトラブルは、すべて夢の世界のものなのである。**

本当の宗教とは、真我に目覚めること

本当の宗教とは真我に目覚めることをいう。決して宗教団体のことをいうのではない。
真我に目覚めるとは天国に生きるということである。天国は死んでから行く所で

はなく、真我にさえ目覚めれば、いつでも天国に行けるのだ。

天国とは大調和の世界であり、地獄とは不調和の世界のことをいう。生きていても、天国に行くことはできる。なぜならば、天国はもともと自分の内にあるからだ。肉体を持っているいないとは関係ない。


私たちは普段、業によって真我を覆い隠してしまっている。天国はいつでもそこにあるが、業によって隠されているだけなのだ。ただ現実には、天国には縁に恵まれないとなかなか行けない。現代人で、自分一人の力で真我を開いて天国に行くということは稀である。故に、縁に恵まれるということがとても大切だ。

縁に恵まれる人は、自分の中にその縁を呼び込む何かを持っている。それは先祖から受け継いでいるものかもしれない。あるいは、前世からのものかもしれない。いずれにしても、そのような人は大変幸運な人だといえる。

現世で生きることを修行と捉えることもできるが、修行をするにしても焦点を定めた修行をしなければならない。焦点とは、神に目覚めること、真我に目覚めるということである。その焦点さえ合わせれば、山に篭ったり、難行苦行を行わなくとも、日常生活の中で気づくことができる。だから、焦点合わせが一番大事なのである。

本当はすべてが修行であるが、多くの人は今生きていることが修行だとは気づいていない。だから、ただ苦しんでいるだけなのである。**真我に目覚めると、過去に体験してきたすべての出来事が全部必要だったということに気づく。**必要だったということがわかれば、今まで辛かったこと、苦しかったことが、その時点で修行に変わり、苦しみから解放されるのである。

真我を開いていくと、たとえどんな職業に就いていようとも、みな神の役割を果たすようになる。それは職業そのものを言っているのではない。各人それぞれが、神に与えられた自分の個性を遺憾なく発揮して、神の法則に則った動きを始めるということだ。それが神の意志に沿うということである。みなが自分の仕事を通じて神を顕現していくことになるのだ。神につながっていくと、それぞれがより個性的になり、より才能を発揮するようになる。そして、その結果、全体も調和していくのである。

釈迦やキリストのような聖人たちは、一番性能の良い、感度の高いアンテナを持っていて、宇宙の法則をチャネリングできたのである。そして、それを言葉化したのが仏典や聖書になったわけだ。

しかし、あなたも釈迦、キリストと同じものを持っている。あなたも天の声が聞こえるはずだ。天の声とは真我のことである。**私（佐藤康行）は神の命令通りに動いている。ただ、まだ神の仕事を十分には果たしているとはいえないから、まだ死ぬわけにはいかないのである。何が何でも与えられた仕事を全うしてから死にたいと思っている。**

真の宗教とは

本当の宗教は、人間が現れる前からあるものだ。人間が造ったものは、本当の宗教ではなく、それは自分たちが造りあげた哲学や思想に過ぎない。本当の宗教とは永遠不変の宇宙の法則のことであり、人によって造られるようなものではない。

現存の宗教団体のほとんどは、信者に対して本当の真理を理解できなくても全面的に信じることを強制している。それが信仰である。しかし、できることならば、盲目的に信じるよりも、十分に理解をして自ら確信を持つようになった方がはるかに良い。

十分な理解と確信を得るには、真実を見る目を養うことが必要だ。目の前にあるものがダイヤモンドであると信じ込むよりも、まずダイヤモンドであるかどうかをさまざまな角度から検証して確認できた方が良い。そして本当にダイヤモンドであることがわかれば、本物の確信に変わり、そのときには信仰をはるかに越えることができるのである。

私たちは、あらゆる手段を駆使することで、目の前にある透き通った石が本物のダイヤモンドであるかどうかを見分けることができる。同様に、私たちにはすでに真実を見分けることのできる能力が誰にでも備わっている。なぜならば、私たちは誰もが全知全能なる神そのものだからだ。しっかりと目を見開いて、真実を見ようとさえすれば、地上の誰もが真実を目の当たりにすることができるのである。

人はえてして信仰をしている段階では、他の宗教団体や宗派の人たちとは調和できなくなる。信仰が強ければ強いほど、他の人との分離感が助長されてしまう。しかし、自らの目で真実が見えるようになれば、決して他の人とバラバラにはならない。なぜならば、真実とは、すべては一つの生命、誰とも分離していない一つの生命だからである。そして、すべての生命は愛そのものでできているからだ。

宇宙の真理を知るためには、真我を知ることである。真我こそが宇宙の真理そのものだからである。真我を知らなければ、本当の真理はいつまで経っても見えてはこない。

私たち人間の意識は多重構造になっている。物事を見るときには、自分の意識のレベルでしか見えない。浅いレベルの自分で捉えるか、より深いレベルの自分で捉えるかによって、全くものの見え方が違ってしまう。浅い自分で物事を捉えても、それは真実ではない。最も深くに内在する真我の目で見たときに、本当の真実が見えるのである。真我の目だけが真実の目なのだ。


あなたの中には神とサタンが眠っている。神は真実、サタンは迷いである。そのどちらを本当の自分と見なすかによって、人生は一八〇度変わる。サタンの自分を自分と認めると、迷いの人生を送らなければならないが、神の自分を自分と認めると、愛と歓びの人生を送ることができる。自分の目でしか物事を見ることができないから、どちらの目で見るかによって、あなたの人生は天国にも地獄にもなるのだ。

山の中腹までしか登ったことのない人には、中腹までの景色しか見えず、頂上まで登って初めて頂上から見た山の全容が見えるのである。しかし、私たちは、どこから見ても自分の目で見た景色を真実として捉えがちだ。心の世界もそれと同様、まだ浅くしか心を開発していない人は、その段階のものを真実として捉えてしまう。深く開発している人とは、捉え方が全く違うのだ。神である本当の自分を知らなければ、本当の真実を見ることはできないのである。

宇宙飛行士が、宇宙から地球を見たときに「地球を愛しく感じる」と言う。そのときになぜ愛しく感じるかといえば、愛の心がもともと私たちに内在しているからである。そのような心がなければ、たとえ同じ状況にいたとしても何も感じないはずである。私たちの中には、大いなる愛の心が眠っているのだ。

大自然の法則こそが戒律である

世界の宗教には、酒を飲んではいけない、豚を食べてはいけない、女性は肌を出してはいけない……というように、実にさまざまな戒律が存在する。そのような形式的な戒律が設けられているのは、その教義ができた時代の人々が、まだまだ未熟だったからである。もちろん、現在でもそのような決め事が必要な未熟な人もたくさんいる。しかし本来、大自然の法則にさえ沿って生きていれば、戒律など作る必要はない。大自然の法則こそが本当の戒律なのである。

野生動物の世界には、戒律などは存在しない。野生動物は自然の法則に逆らったりは決してしないからだ。シマウマがライオンに食べられることも、大自然のリズムに沿っている。大自然の中で生命が循環し、お互いに活かし合いをしているのである。

人間社会には、憲法、法律、道徳、マナーなどがあるが、それらはすべて、自然の法則に則ったものでなければならない。しかし、現在では、火葬に象徴されるように、自然の法則に沿っていないものもたくさんあるように思われる。私たちは、これから大自然の法則に沿った秩序を再構築する必要がある。大自然の法則という最も大きな宇宙の摂理を私たちが謙虚に学べば、今までとは全く違った選択肢が見えてくるはずである。

神は決して人を裁かない

「悪行を働いた人間は神によって裁かれる」と信じ込んでいる人が世の中にはかなりいるが、その捉え方は明らかに間違っている。**神は決して人を裁いたりはしない。なぜなら、人間自体も完全なる神そのものだからである。この宇宙に、神以外のものは何一つとして存在していないのだから、神が神以外の何かを裁きようがない**のである。この点において多くの人は、大きな思い違いをしているようだ。

「裁かれる」というのは、人間から見た発想である。私たち人間が、勝手に「神から裁かれる」と思い込んで恐れているだけであって、神は裁くも裁かないもない。神は完全であり大調和だからである。

「裁かれる」というのは、過去の行いが未来の自分たちに返ってくるということに他ならない。それは因果応報という法則だ。しかし、それさえも人間が見ている幻想に過ぎない。存在しない幻想に対して、存在するかのように思い込んでいるだけなのである。言わば、一人で自滅行為をしているだけなのである。

神には目的など存在しない

神が人間を創造した目的などは本来ない。目的が何かというのは、勝手に人間が思索しているだけで、もともと神には目的などは存在しないのである。

水も空気もただそこに在《あ》るだけである。ところが、私たちが目的を持ってそれらを利用しているために、どんなものに対しても目的意識を持ってしまうのだ。しかし、それは人間がそう捉えているだけであって、すべてのものはただそこに在るだけなのだ。

星も太陽も光も、そして地球上の生命も、ただそこに在るだけで、神もただそこに在るだけなのである。すべての生きとし生ける万物は、ただそこに在るだけである。そして、すべては神の顕れだ。

神は命である。地上には何百万種類という生命体が生息しているが、それらすべてはたった一つの命でできている。そのたった一つの命がただ在るだけなのだ。

太陽は何かの目的で光を放っているわけではない。ただ太陽はそこにあるだけだ。結果として地球上のあらゆる生命体がその恩恵を受け、命の営みを繰り返しているが、しかし、太陽はただそこにあるだけである。太陽は生命を生かそうという目的も、生命を焼き殺そうという目的も持っていないのである。

私たち人間から見た価値観で神を捉えることはできないし、また捉えるべきではない。私たちの価値観や目的意識は、すべて私たちが後天的に造り出したものに過ぎず、その価値観で神を見るべきではないのである。私たちの観念ではなく、神から見ることによって初めて、すべての真理を見通すことができるのである。

生命体一つ一つは神の光が分光されたものである

神の法則は縦の法則、心の法則は横の法則である。心の法則は、因縁の法則、因果の法則だ。神の法則は第一創造、心の法則は第二創造といえる。

魂として見ると、それぞれの生命体は個性を持っているが、真我として見ると、すべての生命体は一つの命である。例えば、人間とバクテリアの魂は違うが、真我として見ると同じ一つの命なのである。

私たちのような生命体は、すべて何らかの縁の積み重ねによってできている。縁によってできているが、仮に縁に出会わなかったとしても、最初から本質は存在している。たまたま出会った縁の組み合わせによって、今のような形になったというだけなのだ。

エネルギーとエネルギーが組み合わさって新しい素材ができ、またその組み合わせによってテレビやいろいろな電化製品ができたりしている。私たち人間もそれと同じで、エネルギーが組み合わさって現在のような形になったのだ。

私たち生命体が生まれたのは、宇宙の偶然といえるかもしれない。地球が四十六億年前に誕生したのも、さらにそこに水や空気や微生物が発生したのも、何らかの縁の積み重ねによるものである。すべてのものは、いろいろな縁の組み合わせによってできている。組み合わせが少し違えば、人間ではないもっと違う生命体ができていたかもしれない。

遺伝子もまさに組み合わせそのものだ。ある男とある女の組み合わせによって、一人の全く別の存在が生まれる。その組み合わせが異なれば、また全く違う存在が生まれてくる。すべては組み合わせによって創られている。

なぜ神の目から見ることができるのか

私たち人間には、神の目など持つことはできないと多くの人は思い込んでいるかもしれないが、それは誤りだ。**私たちは、神の目を持ち、神の目ですべてのものを見ることができる。なぜなら、私たちは神そのものであり、神の心が私たちの中に存在しているからである。**

なぜそのように言い切れるかというと、それは、私がこれまで約二十五年にわたり真我開発講座を主宰して、受講生たちの心の変化を一人一人確かめてきたからである。真我を開いた瞬間は、みな間違いなく神の心になっているのだ。私はその実績をもとにして言っているのである。

絶対的な真実に対して、私たちが言えることはあくまでも仮定に過ぎない。その仮定を仮定でなくするためには、実証を示していくしかない。例えば科学者が「Aという液体とBという液体を混ぜ合わせればCという液体ができる」という仮説を立てたとする。そのことを証明するには、実際に実験をして確率論で示さなければならない。その確率が圧倒的に高い数値を示し、それを合理的な法則にまとめれば、その時点でその仮説はれっきとした科学となる。まさに、私が真我の真実を証明するのも、科学のプロセスと同様なのである。

「人間の心の中には神の心が眠っている」という仮説も、その仮説のままだと科学の領域にはならないが、実際にたくさんの人の実体験を通して確率論的に実証していけば、それはもはや科学の領域と見なすことができるはずである。それ故に、私は講座を受講してもらったたくさんの人たちの体験を数多く追跡取材している。私がこのことに関して絶対的な自信を持っているのは、さまざまな実証を恐らく誰よりもたくさん持っているからである。今のところ、私よりもそれら実証例を多数持っている人を私は知らない。

精神世界はいまだ天動説の域から出ていない

あらゆる生命体、宇宙すべては神意識でき上がっている。当然私たちの肉体も脳そのものも、神意識でできている。であるにもかかわらず、脳で考えたことを一番とするということは、まさに精神世界の天動説と言わざるを得ないのだ。

十六世紀の半ばまでは、人類のほとんどは地球が宇宙の中心であり、太陽も惑星も地球を中心に回っていると考えていた。しかし、コペルニクスが地動説を唱えて、今までの常識が間違っていることが証明され、人々の認識が一八〇度変わったのである。現代には、昔のような天動説を唱える人はいないが、精神世界はまだまだ天動説の状況なのだ。

精神世界の天動説とは、私たちが、頭で考えること、思考の極致が一番素晴らしいと捉えていることである。しかし、私たちの思考が一番素晴らしいのではなく、思考を産み出す脳を創った大いなる存在、その力、そのものが最も偉大なのだということを認識しなければならないのだ。それが精神世界の地動説であり、全体から捉えるという発想なのである。

人間は神そのものの意識になれる

生きとし生けるすべての生命は神そのものである。であるから、もちろん私たち人間も神そのものなのである。しかし、自分が本当に神そのものであるのか、そして、神の意識を自覚して生きることができるのか、と素朴な疑問を抱くことであろう。

では、あなたに質問したい。地球を創ったのは誰か？　人間を創ったのは誰か？　地球上に生息する何百万種以上の生物を創ったのは誰か？　あなたの六十兆もの細胞一つ一つを動かしているのは誰か？　毛細血管の隅々にまで血液を休みなく送り続けているのは誰か？　このように考えると、それが普段「自分」だと思っている「自分」ではないとすぐにわかるはずである。この脳は人間が作ったものではないという結論に、誰もがたどり着くに違いない。私たちが神そのものであることは、このように理性的に考えても理解できるのである。

そしてもう一つ、神の意識を自覚するためには、脳で考えるのではなく、真我を開いていくことである。真我を開くことによって、私たちは神意識、すなわち全体意識になることができるのである。

真我を開くとは、「もともとすべての生命はつながっているのだ」と体感することである。真我から「見える」とは、この日常で制限された五感を超越し、すべての真実を一瞬にして把握できるということである。真我は神であり真実のすべてであるから、真我を開けば、この宇宙のすべての真実が見えるのだ。目の前にいる人が何を考えているのか、何を欲しがっているのか、そして、何をなせば良いのかが見えるのである。

真我を開くことによって、すべてがつながっていると体感することができる。それはちょうど、風船を割ったら風船の中の空気もその外側にあった全体の空気と一つだったとわかるのと同じである。本当はもともと一つであるが、風船のゴムがあるために、中と外が分離しているように見えただけだ。風船を割ることによって、一瞬にして外と中の空気、すなわち全体が同化したのだ。
真我という空気を、私たちの思いというゴムが分離させている。その思いというゴムの皮膜を割ることによって、宇宙全体と一瞬の内に繋がることを体感すると、地球上のすべてのものが愛しくなる。私の目の前では何万人もの人々がそのような体験をしている。

心は無限の構造になっている。そして地球上にいる全人類それぞれその深さが違う。だから、同じものを見ても、どの次元で捉えるかによって受け止め方は違ってくるのだ。心の一番浅い次元が個体意識であり、逆に心の一番深い次元が神次元、全体意識である。深くなればなるほどより全体意識になっていく。

個人という個体意識から、家庭という少し大きな単位へ、そして、会社全体や地域社会という全体意識へ、さらには、人類全体というもっと大きな全体意識へというように、心の中は無限の構造になっている。深くなればなるほど全体意識につながっている。

心の多重構造は、風船にたとえれば、風船のゴムが何重にも重なっているようなものだ。しかし、どれだけ幾重に重なっていても、そのすべてを一瞬で割ることができる。真我を体感するということは、その風船のゴムが全部一瞬にして割れるということだ。もともと真我は誰の中にも内在しているから、何重に重なっていても一瞬で全部割って体感することができるのである。

心は業やカルマでできている。業やカルマは夢と同じで実際にはどこにも存在しないものだ。存在していないものであるから、一個づつ消えるのも千個が一度に消えるのも同じである。実は私たちは存在していないものに縛られている。業やカルマがどれだけあろうが、それらを一瞬の内に消すことができるのだ。

この世界は、いろいろな次元でできている。一次元は線、二次元は平面、三次元は立体である。三次元までは私たちの肉眼で見ることができる。四次元から先は心の世界であるから、肉眼で見ることはできない。すべての次元は心の中にあり、その究極の次元は神であり真我だ。

次元が高くなればなるほど、微粒子の振動が細かく詳細になっていき、次元が浅いほど振動が粗くなる。私たちの目に見える物質はかなり粗い世界だ。テレビの電波が粗いと画面にも粗く映るが、詳細だとより鮮明に映るようなイメージだ。

見るとか見られるという世界は、まだ分離があるが、真我は分離のない世界であるから、見るとか見られるという概念もない。とはいえ、私たちはこの肉体を持っている以上、この五感で感じ、この肉眼で見ることに変わりはないから、完全に全体意識から見るということは不可能だ。いくら神意識になっても、人間を見たときには人間という固体を見るしかない。

しかし、真我を開いて、**真我の心になったときには、目の前に見えるすべての人を愛することができる。**最初から敵などいないのだという心で、すべての人と接することができるようになるのだ。

キリスト教で言う「罪を憎んで人を憎まず」とは、人が抱えている業は憎んでいるけれど、人間の本質は神であるから、その神は憎まないという意味だ。そのように人間の本質の方を直視することはできる。

ただし、どれだけ真我に目覚めようとも、私たちは肉体を持った人間であることに変わりはなく、その制限された中で見るしかない。私たちはみな本当は完全なる神なのであるが、完全に神そのものとして日常生活を送ることは現実的には不可能に近いわけである。それでも、神に限りなく近づいていくことは可能なのだ。真我を開くことによって、より高い次元に上がり神に近づくことができるのだ。だからこそ私たちは、どこまで行っても神に近づいていく過程を歩んでいるのである。

宇宙にゴールというものは存在しない。人間の観念にはゴールや過程が存在するが、宇宙から見たら、すべてが宇宙そのものであるからゴールも過程もないのである。しかし、敢えてゴールというならば、それは神そのものであるといえるのだ。

今、私は東京・新宿の事務所にいる。私は「新宿にいる」といえるが、「東京にいる」とも、あるいは「日本にいる」、さらには、「地球にいる」とも、そして「宇宙にいる」

ともいえる。では一体、どこにいるというのが一番正しいかというと、それは「宇宙にいる」が正しい。なぜならば、新宿とか日本というのは、私たち人間が国や地域の境界線を勝手に引いて分けたものに過ぎないからである。本当は、宇宙には境界線などは存在しておらず、宇宙は一つなのである。私たちはその宇宙にいる。そして、私たちは宇宙そのものだからだ。

私たちは、最初から宇宙の法則に沿って生きるのが良いのだろうか、それとも段々と宇宙に近づいていくのが良いのだろうか？　正確にいうなら、近づいていくというのは正しくない。なぜなら、私たちはもともと宇宙にいるし、宇宙そのものだからである。結論が先なのだ。

自分も宇宙そのものならば、宇宙の法則に沿うも沿わないもないではないか、という疑問が出てくるかもしれない。しかし、私たちは自らの意志で宇宙の法則に逆らう自由も与えられている。

実際には、私たちは川の流れに逆らって上流に向かって船を漕ぐようなこともしている。川の流れを宇宙の法則として考えると、川の流れに沿うか逆らうかは私たちの意志で決めることができるのだ。逆らって漕いでいれば、やがては体が疲れ果ててしまう。それが、不調和になったり病気になったりするということである。これが宇宙の法則に逆らうということなのだ。

よりよいものを見せれば握っている手を放す

私たち人類は、みな愛を欲しがる。なぜ愛を欲しがるのかというと、私たちはみな究極の愛を潜在的に知っているからである。お金を求めるのも、仕事に没頭するのも、酒に溺れるのも、全部愛が欲しいが故の行動なのである。

私たちが追いかけているものは、すべて愛の代理である。**私たちが究極的に求めているものは、神の愛以外にはないのだ。**

求め続けてきたお金やものをたとえ得ることができたとしても、やがてそれだけでは心は満たされないことに気づくだろう。そのような人たちは、常に「何かが違う、何かが違う…」と考え、真剣に真実を求め始めるようになる。「これも違う、これも違う…」と消去法で探し求めていく。そのような人たちが、私の所にたくさんやって来ている。

過去の宗教家の多くは、「今あなたは満たされていませんね。それを解決するにはこの教えを学びなさい」と言って人々を導いてきた。しかし、私の導き方はそれとは異なる。私はより美味しいものを見せ続けることによって、「今までのものは大したことがなかったんだ！」と気づかせてあげるのである。「もっと美味しいものがあるよ」と言って食べてもらい、「あれ？　こっちのほうが美味しいんだ！」と自分で気づいてもらうようにしているのだ。

今握っているものを手放す最良の方法は、より価値のあるものを

知ることである。大切そうに小銭を握っている人から、その小銭を手放させる方法は、百万円の札束を与えてあげることである。すると小銭を手放して札束を手にすることだろう。「手放せ！」と言ったら抵抗があるが、より良きものを見せられれば手放すことに抵抗はなくなる。「あの人はひどい人だから早く別れなさい」と言われてもなかなか別れられないが、あの人よりも何倍も魅力的な人が目の前に現れたら、別れることが簡単にできるだろう。

本当は、真我は何ものとも比較の対象にならないくらい価値のあるものだが、人はその価値を自分が知っているものと比較するしか判断する術を知らない。だから、他のものと比較させてあげるしかないのである。

現代人が抱えているもう一つの問題は、現代人は味覚そのものが麻痺している可能性があるということだ。不味《まず》いものに舌が慣らされてしまっていたり、また、不味いものでさえも美味しいものだと洗脳されている場合もある。その洗脳をどのように解くか、その流れをどう立ち切るかということが、これからの私たちの課題でもあるのだ。

例えば、麻薬に溺れている人に「麻薬よりもいいんだよ」と言ってもそれだけではなかなかわかってはもらえない。本来、酒や麻薬は体に良いわけがないが、その味に慣れてしまい、自然の感覚が麻痺してしまっていると、いくらもっと素晴らしい味があると言ってもなかなかわからないのだ。その自分の味覚を基準にしてしか考えないからである。

強烈に宗教団体に洗脳されている人も同じである。そのような人には、少し話をしたところで絶対に洗脳は解けない。「ここでこう言えば、相手はああ言うから」というように教え込まれているから、何を言ってもダメなのである。完全に洗脳を解くためには、その団体から何日間か遊離させて、そのために徹底的に取り組むしかない。そこでそれまで植え付けられた価値観を壊していくしかないのである。

なかがき

私は、真我開発講座をこれまで続けていく中で、少しずつどんな人間にも真我があるという確信を高めていったのだが、あるとき、その私の確信を揺るぎないものに変えた出来事があった。それは、ある刑務所で講演を終えた後、私のもとに届けられた受刑者たちの感想文を読んだときだった。次に紹介するのは、そのうちの一つである。

＊　＊　＊

十一月の行事予定表を見た時、十二日「講演」となっていたので、「あ～あ、またどこかの坊さんか偉い先生の難しい話なんだろうなあ。つまんないなあ」と正直思い、気が滅入りました。さらに悪いことに（？）、その講演の感想文を書くように言われ、文章を書くのが苦手な私はそれがイヤで講演当日、仮病を使って欠席しようかと考えたほどでした。

当日、舎房を出て講堂に入り椅子に座って待っている間も、「どうかあまりややこしい話じゃないように」と心で祈りながら黙想していました。号令があり、目を開けてみるとステージ上に看板があり、『佐藤康行先生　演題　人生自由自在』と書いてあり、それを見て私は、「あ～あ、やっぱりどこかの偉い先生だ。こりゃ困ったぞ」と思いましたが、もうここまできたらどうあがいても仕方がない。ヨーシこうなったら佐藤先生の言う事を一言も聞き漏らすまいと開き直り、腹を据えると何となく気が楽になりました。

しばらくすると厚生統括さんの大雑把な紹介があり、いよいよ講演の始まりです。すると、いきなり女性の声のナレーションが入り、佐藤先生のプロフィールがテープで流れてきました。なかなか凝った演出の幕開けです。やがてそのテープも終わり、佐藤先生の登場です。パッと見た感じは、どこにでも居るごく普通のオジサンというのが第一印象です。が、この人どこかで見た事があるなあと思い、さっき聞いたプロフィールテープの内容を思い返してみて、ハタッと気づきました。東京で立ち食い形式のステーキ店を開店したオーナー、その人ではありませんか。二、三ヶ月前のテレビ（確かスーパーテレビで、激化するレストラン戦争という内容だったと思う）の中で、大声で店長以下社員に喝を入れていた人で、なんてタフで、精力的な人なんだろうという印象が強く残ってます。今、その人が目の前で話をしているのだと思うと、なんとなく親近感を覚え、講演が始まる前の緊張感や、プレッシャーがまるで嘘のようにスーッと消え、リラックスでき、次はどんな話が出るのかと楽しみにさえなってきて、どんどん引きこまれていきました。

佐藤先生は北海道・美唄の生まれで、貧しい家庭に育ち、つっかえ棒をした家に住んでいたほどで、それが恥ずかしくて、友達を家に呼べなかったという苦い経験もあり、その他いろいろな苦労話などエピソードを交え、わかりやすく語りかけるように話してくれ、その時の気持ちがにじみ出て、こちらにシッカリ伝わってきました。もう貧乏はイヤだ。きっと大金持ちになってやるぞという一心で中学を出ると同時に東京に出て、定時制の高校に通うかたわら、皿洗い、化粧品・宝石のセールスマン等々と職を変え、ついには年商何十億という大実業家になるまでには、数え切れない位の失敗・苦労があったはずなのに、それら苦労をものともせず、つぎつぎと乗り越え、自分の人生の糧・エネルギーとしていく話には、驚くものがありました。

特に先生の話の中で印象に残ったのが二つほどあります。まず一つは『人生何ごともプラス志向』失敗は成功の元というように、全て良い方、良い方と思う心。これが大事だということです。仕事をするにも、受け身じゃなく、積極的にみずから進んでやる事が大事。どんな仕事でも人にやらされていると思うといやになるに決まってます。そうじゃなく自分の為に、自分から進んでやれば、辛い仕事も楽しいものになると言いたいのだと思います。ややもすると我々受刑者はなぜ働かなくては?と疑問に思うことがあります。がしかし、これも社会復帰に向けての試練、糧と思えば、大して苦にならないんじゃないでしょうか。私は先生がそう言いたかったのだと思います。

そしてもう一つ。『親と子の関係がうまく運べば、人生全て円滑。親子関係は人の世の原点』この言葉に私の胸は痛みました。というのも、今回で三回目の受刑生活となりますが、犯罪の道に走るようになってからというもの田舎の母には何の連絡も入れず、ただ自分自身の欲望のなすがままに生活し、今では生きているものやら、死んでいるものやら、それすら定かではありません。我ながら何と情けないことか。いえ、今まで何度か電話をしよう、家に帰ろうと思い、途中まで行ったことはあります。が、そこで足が止まってしまうのです。怖いと言うか恥ずかしいと言うか、勇気が湧いてこないのです。でも先生の話を聞いてちょっぴり勇気がつきました。まだまだ先の話ですが、ここを出所したら今度こそきっと母親の元へ顔を出そうと思います。会ってくれないかもしれません。それでもかまいません。とにかく一度、生まれ育った故郷に帰り、一からやり直してみようと思います。急にこんな気持ちになり、私自身、変な気分です。がこれも佐藤先生のおかげです。本当にありがとうございます。

最後になりますが、お忙しい中、我々人生の脱落者の為に貴重な時間を割いて下さり、本当に心からありがとうと言わせて下さい。額に汗をかくほど、熱弁をふるって下さり、本当に御苦労さまでした。私は先生の言わんとしていることを良く理解し、実践し、今までたくさんの方に迷惑をかけてきた分、こんどは少しでも人様の為になるよう生きて行こうと心に誓いました。たった一度の人生だから。

H・T

＊　＊　＊

いかがだろうか。

罪を犯してしまった者こそ、その意識を深くすることができるといえよう。

真我を追究してきて思うことは、親子の関係が普通に問題なく結ばれていれば、まずは業の重さや深さに左右された生き方をせずに済むということである。ときに犯罪者になっても、それ故にかえって自分自身の罪の深さに思い至る。そして、それが心を深く掘り下げるチャンスにもなるのだ。

そこまで意識を深められれば、単なる善人よりもずっと豊かな心の体験者、そして開発者になれるともいえる。
機会さえあれば、このように私は喜んで講演に出かけるつもりである。

第五章

すべての行為は
自分を知る働きである

心という土壌を掘り起こして黄金の真我にたどりつく

もともと真我は誰の中にも在る。それも心の一番深い次元に在るとお伝えした。では、どのようにしたらその真我にたどりつき、体感することができるのだろうか。

まず知るべきことは、**真我にたどりつこうとしたら、心を静かにしているだけでは不可能ということだ。**地下深くに黄金が埋蔵されているとしたら、地上からその黄金を見ることは永遠にできない。心をただ平静にしているだけでは、表面の土しか見えない。まずはその土を掘り起こしていかないと、いつまで経っても黄金は見つからないのである。真我にたどりつこうとするなら、心を奥深くまで掘り進まなければならないのである。

物心《ものごころ》がつくまでの幼児は、土そのものがあまり堆積していないから、真我に非常に近いともいえる。しかし、土が風に乗って運ばれてくるように、時間とともに経験という業が真我の上に覆いかぶさってしまう。そのため、大人になればなるほど、真我の意識から遠ざかってしまうのである。

心を完璧に透明にすることができたら、心を掘らなくてもその奥にある真我を見出すことはできる。しかし、現代人にとってそれは現実的ではない。なぜならば、現代人のほとんどが、透明にすることが不可能なほど心が澱《よど》んでしまっているからだ。また一点の澱みもなくするような機会にも恵まれていない。だから、現代の私たちが、心をいくら平静にしようとしても、まず真我にたどりつくことは考えづらいのである。実際に多くの人たちを見ていると、それをつくづく感じる。やはり、どうしても心を掘り進むという作業が必要不可欠なのである。

地中深く掘り進むためには、掘った土を外に捨てなければならない。土を掘り起こして捨ててこそ、初めて真我にまでたどりつくのである。土を捨てるということは、その土が汚いほど早く掘りやすい。つまり、自分の中に醜い心や辛い心を持っている人は、汚いものと同じく早く外にそれを捨ててしまいたいという衝動に駆られる。ところが、途中で綺麗なものが出てきたら、それがもったいなく感じてしまい、掘り起こして捨てることをためらってしまうのだ。

親鸞上人が「善人尚もて往生をとぐ、いわんや悪人をや」と言ったように、自分の中に良いと思われる心が出てくると、そのことに愛着を感じるために、そこから奥深くに掘っていけなくなる可能性がある。すると、真我にはたどりつきづらくなってしまう。

しかし、自分の父や母の良いところが出てきたときは別である。なぜならば、その父や母の素晴らしい心と比べて、自分の心が汚く見えるからだ。親に対する感謝の気持ちが足りなかったと、申し訳ない気持ちが出てくるのだ。すると、その醜い自分の心を捨てようとしてさらに掘り進めて行けるから、そのぶん早く真我に近づけるのである。

親に対する深い感謝の気持ちが湧いてきたときには、「お父さん、お母さんありがとうございます」という言葉と同時に、「ごめんなさい」という言葉が自然と出てくる。それは、自分のいたらなさに気づき、申し訳ないという気持ちが出てくるからである。そしてそれが、その自分の醜い心を早く捨て去ろうという気持ちにつながるのだ。

心の内面を掘り下げていく手法に、内観法というものがある。内観法は、自分の過去の記憶を一つ一つたどり、親に感謝できるようにしていく方法である。しかし内観法では、親に感謝するところで留まってしまい、それでは、本当の真我にまではたどりつかない。親に感謝ができるようにはなっても、カルマやトラウマのすべては消えないのである。それは、本当の自分、真我に気づいたことにもならないのだ。
内観法はプラスの業でマイナスの業をプラスにするという作業であるから、そもそもの目的が全く違う。真我を開くとは、親に感謝できるようになることが目的ではない。真我にたどりつくそのこと自体が目的なのである。親に感謝できるようになったからといってそこで満足していては、決して真我にまではたどりつけないのだ。真我はもっともっと奥深い所に存在しているものなのである。

親に感謝するといっても、なかには親に感謝など絶対にできない人もいるだろう。親に捨てられた人もいれば、虐待された人、また、みなを残して自殺してしまった親もいる。そのような親を持った人は、「親に感謝しなさい」と言われれば言われるほど苦しむ。だから、**自分の過去の記憶を相手にしているうちは真我にまでたどりつかない**のだ。

私は、親に感謝できない人の場合は、逆に徹底して親を憎ませることがある。憎ませて憎ませて、そして真我にまで入っていくこともできるからだ。真我を開けば、真我の光でいかなる人をも愛せるようになるので、そのときには、どれほど恨んでいた親であっても愛せるようになるのである。すると、それまでの自分にはとても想像できないほど、親に対して感謝の気持ちが自然と溢れ出てくるのだ。

真我までたどりつくと、例えば親が自殺をしたとしても、なぜ自殺をしたのか、その真意が見えてくることもある。自殺という行為すらすべては愛の行為だということが見えてくるのである。

真我はもともと在るものだから、そこまでたどりつくと、感謝の心を忘れた人でも、長年喜ぶことのなかった人でも、一瞬のうちに溢れんばかりの感謝が湧き出て止まらなくなる。本来、業は存在しないものであるから、業の浅い深いは関係ないのだ。

人間には、否定することによってしか気づけないというところがある。特に自分は幸せだと思っている人や、自分は正しいと自信を持っている人は、一度徹底的に否定しないといけない場合がある。しかし、それはそのことによって新たにトラウマを作ってしまう危険性もあり、相手をよく見極めて進めないといけない。


苦しんでいない人よりも苦しんでいる人の方がはるかに真我にたどりつきやすいことは事実である。私のところに来て、苦しんでいるのになかなか真我を開きづらいという人は、まだまだ苦しみ方が足りないからだ。

しかし、自分から苦しい状況を作る必要もない。なぜならば、自分では絶対に手加減をしてしまうからだ。その意味でも絶対に信頼に足る先生が必要なのである。そして、その先生に自分の殻を徹底的に壊してもらうことである。

例えば、スポーツ選手で、「私は未熟である」と言う人に対しては、先生はその人をさほど壊す必要はない。しかし、「私は何でも知っていて何でもできます」と言う人に対しては、「お前はまだ何もわかっていないじゃないか！」と一度その人のプライドと固定観念をぶち壊す必要があるのだ。

周りの環境はすべて自分の心の影に過ぎない

人間の内面は多重構造でできている。その中心は人間の本質である真我である。真我の外側に霊体、幽体、エーテル体、肉体、そして、オーラがあり、一番外側に環境がある。通常は、このオーラまでを自分と捉え、環境と自分とを分けて考える。しかし、本来は環境も自分という存在の一部なのだ。

もし私たちに視覚や聴覚、嗅覚、触覚といった感覚器官がすべて無かったとしたら、環境を認識することはできない。しかしそれでも自分はある。ということは、環境とは自分が見たものであり、聞いたものであり、触ったもののこととなる。つまり、**環境を認識するのは全部自分であるから、その環境とは実は自分のこと**なのである。

私たちはすぐに環境に責任を転嫁してしまうが、環境も自分なのだから、結局、すべては自分が造り出した結果に過ぎないのだ。
環境とは、自分で見たもの、感じたもの、捉えたものでしかなく、それは真実とは関係がない。環境と自分は同じであるから、環境を変えるのも自分を変えるのも実は全く同じことなのである。

体が大きく筋肉質で目つきの悪い人が突然目の前に現れたら、みなさんは何と思うだろうか？（この人は怖い人かも知れない）と思うことだろう。しかし、その人のことをよく知っていて、彼はとても気の優しい良い人だとわかっていたら、何も怖い人だとは思わないだろう。このように人を見るときも、自分の価値観でしか見ることができないのである。ということは、その人の真実がそこに存在しているのではなく、その人をそのように評価している自分がいるだけだ。この世界のものはすべて自分そのものの心の影であり、自分そのものでもあるということだ。

人に矢を向けることは、自分に矢を向けること

未開の地に行って、現地の人に最新のコンピュータを見せてみたところで、彼らにとっては何の価値も持たないに違いない。動物に札束を見せても、やはり見向きもしない。それと同じく、すべての物事はあなたの価値観、あなたの感性のレベルでしか見えない。どんなに美しい音楽が流れても、耳が聞こえなければ、それはないのと同じである。

環境はすべて自分である。そのことを自覚できれば、それだけでもものの見方が劇的に変わる。環境を変えるのも、自分を変えるのも同じだから、**人を責めるのも、自分を責めるのも同じ**なのである。他人を責めて落ち込ませるのも、自分を責めて落ち込むことも同じなのだ。他人に向けて矢を放ったか、自分に向けて矢を放ったかは、間接と直接という違いだけで全く同じことなのである。

相手に矢を向けたら、相手もこちらに対してやがて矢を向けてくるだろう。ということは、相手に矢を向けたら、相手と自分の二人に矢を向けたことになる。自分に矢を向けた場合でも、被害者は一人ではない。自分の周りにいる伴侶や親、子どもたちにもその影響が及んでしまう。あなたの肉親に矢が刺さっているのを見たら、あなたもきっと苦しむことだろう。自分に矢を向けても、結局は人に矢を向けたことと同じになるのだ。

心の法則は因果応報で、自分が行ったことがやがては自分に返ってくる。すべては心の反射で、心と現象とは一対だ。いくら相手と争っても、それは鏡に映っている自分と闘っているに等しいのである。

仮面をかぶり演技している限り本当の成長はあり得ない

従来の成功哲学は、心の法則を扱ったものだ。もちろん心の法則を知るに越したことはないが、自分の意識のレベルを上げないで、考え方だけを変え、自分を最大限に演出したとしたら、果たして本当にそれで幸せになれるのだろうか？　きっと、本当の自分と演出している自分との間にギャップが生まれるに違いない。しかも、ずっと演技をしていなければならないから、自分自身がますます苦しくなってくることだろう。

本体そのものを次元アップさせないで、考え方だけを変えるというのは、演技をしているだけに等しい。しかし、今までは、多くの人たちがそれを成長だと思い込んできたのだ。

演技や演出をするのではなく、自分自身の意識を上げていかなければならない。自分の意識を高めたときに、初めて矛盾から解放されるのだ。「どこから見ても、いつ見ても、あの人は同じだ」と言われるようになればいいのである。職場でも、家に帰ってても、ふっと力を抜いたときでも、どこででも同じ状態になれば良いのである。それができれば、本当に楽に生きることができる。ありのままの自分をレベルアップしていけばいい。そして、ありのままの姿しか見えないようにするのだ。

今までは、多くの人が作戦を考えて物事をなしてきた。しかし、作戦というものは、ほとんどが欲から発生するものであり、本体は何も成長させないでテクニックだけを変えようとしている。本当の自分そのもので接していないから、感性の鈍い人間になってしまうのだ。頭で考えたことですべてを処理しようとするから、自分の本質には触れないまま過ぎてしまうのである。

綺麗なお面をかぶって人と接していると、それをその人だと勘違いして周りから人が近寄ってくる。しかし、もし本当の顔が汚れていたとしても、それではいつまで経っても自分の顔の汚れは落とせない。本体はいつまで経っても成長しないのである。

お面を二十四時間、一年中かぶって生活することはできないから、ふっと息を抜いたときに、お面を外す。すると、人前で言うことと、裏で言うこととが全く違う二面性のある人間になってしまう。人前では立派なことを言うけれど、裏では全く違うという人間になってしまうのだ。その延長線上が詐欺師である。最初は勇気がいるかもしれないが、思い切ってお面を外し、自分の本当の素顔で向かっていかないと、いつまで経っても本当の成長は望めないものだ。

人との出会いは自分と出会う縁である

自分自身を深く知るためには、縁を活かす以外にはない。縁とは、人との出会いだけではなく、自分の外界にあるものすべてとの出会いのことだ。そして縁とは、自分自身に出会うためのきっかけでもある。縁に出会うということは、自分自身に出会うことでもあるからだ。

例えば、ある師と出会うことによって自分の才能が開花したとするならば、その縁によって、自らに内在していたものが顕在化したということになる。しかし、そこで才能が開花するか否かは人によって異なる。なぜならば、師との出会いによって発揮する能力は自分のものだからだ。自分の感覚器官が反応して変化が起きるのであるから、**人との出会いも実は自分との出会いと同じということだ。**

だから、縁とは自分自身に出会うためのきっかけなのである。

より正確にいうならば、縁すらも自分自身が引き寄せているという言い方もできる。この宇宙には自分自身が求めているものや自分自身と同類のものを引き寄せる働きがあるからだ。

縁と出会うことでさらに自分自身が発見できる。**すべての行為は自分自身**

を知るための働きでもあるからだ。私たちは自分自身を知ろうとする究極の本能を持っている。それは私たちがみな神そのものだからである。

私たちは、自らの意志で縁を作っているように考えているが、しかし、縁を作ろうとするその意志は、一体どこからわいてくるのだろうか？　そのように少し突き詰めて考えてみると、自分の意志も実は自分の意志ではないことがわかってくる。私たちは、自分の意志をはるかに越えた別の意志によって動かされているのだ。私たち一人一人は、その別の意志を探求していく自分探しの旅をしているのだ。

本当の自分を見つけるには、耳を澄ませ、自分の奥深くに眠っている心の声を聞き、その声を感じるのである。そして、その声を発見していくのである。そうしていくと、やがて自分の意志などはどこにも存在しないことに気づく。存在するのは神の意志だけなのである。

自分探しをするには、自らの内なる声をキャッチするためのセンサーを研ぎ澄ます必要がある。センサーを研ぎ澄ますためには、欲や保身、心の乱れ、偏った学びなどを外さなければならない。それらがセンサーの感度を鈍らせる原因になるからだ。特に目先の利害関係に心を奪われてしまうと、どうしても心が乱れてしまい、真実の声をキャッチすることができなくなってしまう。

また、一つの思想や哲学、宗教などに心酔することも大きな障害になることがある。なぜならば、一つの観念が頭の中に確立されると、すべてのものをその観点でしか捉えられなくなり、物事を素直に、透明に見ることができなくなってしまうからだ。それでは、決して真実の声をそのまま聞くことはできない。

打算や保身、過去に学んだ知識、信念などをすべて放り出し、純粋な澄んだ心で内なる声に耳を傾けてみよう。そのときに、何に心が動かされるかを注意深く観察してみれば、そこから何かが見えてくるはずだ。

自らのより深い心の声に耳を澄ませていると、ふいに頭の理解を越えたところで、大きく心に響くものにぶつかることがある。胸がドキドキしたり、心がワクワクしたり、わけもなく体が熱くなったり、今までモヤモヤしていた心が急に晴れたりすることもある。あるいは逆に、急に苦しくなったり、頭痛に襲われたりするかもしれない。それらはすべて内なる声なのである。その内なる声に素直に従ってみるのである。それは、あなたにメッセージを送ってくれている真我の声だからだ。

しかし、そこで注意しなければいけないのは、それが完全なる真我の声というわけではないということ。実は、たった今方向性が変わり、進むべき道が定まっただけなのである。その声が真我そのもので、それこそが目的だと思い込むのはまだまだ尚早だ。なぜなら、それを目的だと思い込んでしまうと、その時点で足が止まってしまうからだ。まだ出発点に立ったに過ぎず、果てしない旅がこれから始まるのである。本当の真我を開発するのはこれからなのである。

「わかった！」と思い込んでしまうと、その瞬間に目的を達成したことになってしまう。そして、その瞬間から観念化してしまうのである。そこを目的地にするのではなく、そこを人生の出発点とするのである。あなたの本当の人生航路は、まさに今始まったばかりなのである。

真我を開いた人たちが書いた「神の詩」

これから紹介する詩は、私が主宰する真我開発講座の中で真我を開いた人たちが書き綴ったものだ。真我の愛、神の愛を体感するとこのような心境になるのである。あなたが真我を引き出すための呼び水になることを願う。

＊　＊　＊

「神から見た自分」


肉体が自分だと思っていた私。自分は自分、自分と他人はあかの他人、何の繋がりもないと思っていた私。どうすればいいのかわからず途方に暮れていた私。寂しくて寂しくて涙に暮れていた私。どうすればいいのかわからずに途方に暮れていた私。

でもそれは大きな勘違いであることがわかった。

この世の中に神によらずしてできているものなど一つもないのだ。神の目には、自分、他人、私、あなたの区別などないのだ。全ては一つのものからできている。それは神であり愛であるのだ。

私は愛だったのだ。だから、愛されたいと思うのだ。だから、人の愛に触れる時、自然と感激してしまうのだ。その時、愛と愛で二つのものが一つになっている。何とも言えない温かい気持ちだ。

私が愛の言葉をかける時、愛の言葉が返ってくる。愛に基づいて行動する時、やはり愛のお返しが返ってくる。

この世は愛でできている。私もあなたもそれもこれも神の愛。素材に人の愛の力を加えた時にでき上がる。

動物も植物もただそこにいるだけで愛を振り撒いている。

そこには何の答えもいらない。ただ私はここにいるだけ。あなたがそこにいるだけ。憎しみも悲しみもまだ愛の広さ深さが狭く浅いだけ。もっともっと高い位置から見れば、それもこれもみんな愛の一部だ。私は自分が愛であるのに、それに気づかなかった。愛の中に包まれているのにそれに気づかなかった。

全てが優しく包み込んでいる。悲しみも怒りも喜びも何もかもが愛の裏返しだったのだ。

父も母も、私が憎しみを覚えた人も、冷たい仕打ちをした人々も、みんなわざわざ憎まれ役を買ってくれた慈悲深い人々なのだ。ありがとうみなさん。ありがとう、こんなわがままな自分に関わっていただいて。今度は私が愛をお返しします。私は愛の固まりだからです。ありがとうございます。

「神から見た両親」


私にとって両親は居て当たり前、私のことをかまってくれるのも当たり前、私の望むことを何でもしてくれて当たり前、何もかもが当たり前の存在でした。どんなことをしてもらっても、娘だから当然のこととして受けとめていました。感謝の気持ちなど全くありませんでした。

ごめんなさい。ごめんなさい。

今日私の自分自身の中にある神の存在に気づくことができました。父さん母さんの中にも同じ神がいることに気づきました。

父さんも母さんも私も神様なのですね。同じ一つの神様なのですね。父さんも母さんもいつも何も言わず、好きなようにさせてくれました。私が嬉しいことがあると、まるで自分のことのように喜んでくれました。悲しいことや苦しいことがある時も同じでした。私よりも悲しみ苦しんでくれましたね。それもみんな愛だったんですね。神の仕業だったんですね。父さんも母さんも私もみんな同じ神だったのですね。

今日生きとし生けるものとは一体であると知りました。みんなみんな一つに繋がっている。神も愛も宇宙も、生きとし生けるものは一つなのです。

とても幸福な気分です。勇気が湧いてきました。何も恐ろしいものはありません。何でもできます。何でもします。神様といつも一緒だからです。ありがとうございます。ありがとうございます。私の中の神よ!

その神様に感謝しています。生きとし生けるものの神に感謝致します。ありがとうございました。

「神から見た世界」


世界よ！あなたは偉大なる神だったのですね。世界よ！あなたは優しい優しい、大きな大きな愛だったのですね。私よ！あなたも偉大なる神だったのですね。私よ！あなたも優しい優しい大きな大きな愛だったのですね。

世の中のすべてが神だったのですね。ただ一つの神そのものだったのですね。世の中の全てが優しい優しい大きな大きな愛だったのですね。それもただただ一つのとてつもなく大きな愛だったのですね。

その真理が今日わかりました。これを悟りと言うのですね。

今までの私は、世界はあなたの中のただの一部にしか過ぎず、小さな小さな力がない微粒子に過ぎないと思っていた。また世界は私の手の届かないとてつもなく大きなどうしようもないやつだと思っていた。しかし、全く全く違っていたのですね。とんだ錯覚をしていました。

世界、あなたと私は本当は一つのただ一つの大きな大きな巨大なる神そのもの、愛そのものだったのですね。世界、あなたは私そのもの、私は、世界あなたそのもの。ただ一つの偉大なる唯一の存在。

ありがとうございます。ありがとうございます。

あなたと一体ならば何でもできます。私と一体ならば、世界、あなたは何でもできます。あの忌まわしい争いごと、不況、何でも克服できるのですね。あの争いや不況は、このことに気づかない万物が醸し出した迷いに他ならないのですね。

本当に良かった、あなたと一緒で。

どんなことにもめげずに一つになって立ち向かって、平和な世界の建設に努めよう。

本当に驚きです。本当に素晴らしいです。こんな素晴らしい世界と一つになれた私は幸せです。ありがとうございました。

「神から見た運命」

わかった！ わかった！ わかりました。

運命に悪いことなどないのですね。ありがとうございます。ありがとうございます。

苦しいと思えること、辛いと思えることとは、神様が「お前はこういうふうに力を出しなさい。こういう力を持っているぞ」と励ましてくださっているのですね。力があるからこそ、その人が気づくまで何回も何回も繰り返し、気づかせてくださったのですね。ありがとうございます。

私の中に力が埋もれていました。何しろ私自身が神様なのですから。ありがとうございます。ありがとうございます。

運命のテーマは自分が苦しいと思っていたこと、辛いと思っていたことの中にあったのですね。私が人間関係で悩んだこと、霊的な障害で苦しんだこと、女性と付き合えないことで悩んだこと、すべて裏返しだったのですね。

実は私は人間関係を上手くこなす天才であり、霊的なすごいパワーの持ち主であり、女性を惹きつける魅力を持っていたのですね。ただそれを眠らせていただけだったのですね。

今まではすべて勘違いをしていました。ネガがポジ、ポジがネガ、反転しました。ああ、知らなかった知らなかった。もともとない力など試されないのですね。その人が力を持っているからこそ、それを引き出すために試練が訪れるのですね。ありがとうございます。ありがとうございます。

私は今までこの秩序ある宇宙で、なぜ人間の運命がこれだけ不条理で理不尽なのかと感じていました。しかし、すべて神様のお働きなのですね。

すべての人々がその内なる神を自覚し、個性を輝かせるために必要だったのですね。

一見苦しいことの中にこそ、実は今与えられているテーマがあるのですね。何の花が咲くのか教えてくださっているのですね。ありがとうございます。ありがとうございます。

もう迷いません。もう苦しみません。もう悩みません。ただ一筋に私が神であることを自覚し、生きて生きて生き抜いて、大輪の花を咲かせてみせます。

ありがとうございました。


「神の自覚」


私は神だ。私自身の神があったのだ。なんとすごいことだ。私が神であり愛であり宇宙なのだ。そして、すべての人、愛と一緒なのだ。

わだかまりが一瞬にして消えた。まるで真っ暗な部屋に急に光を灯したかのように。今までのこだわりが消えた。気が合わず、話をするのも避けていた人、憎らしくて憎らしくて会えば必ず喧嘩をする人、今急に会いたくなってきた。いろんな話をしたくなってきた。

すべての人はみな良い人だ。すべては同じ愛であり、私たちは同じ宇宙なのだ。

宇宙は争いのない調和のとれた平和な世界。今まで自分を変えようと考えてきたこと自体が馬鹿らしくなってきた。自分を変えようなどと考えず、自分を愛せばいいことに気づいた。ただそれだけでいいんだ。なぜなら私は神だからだ。

神は絶対的なもの、宇宙は力みや無理のない世界、変える必要など何一つない。

私は神、すべては良い方向に向かっている。私の細胞の一つ一つが踊っている。

私の病気が消えた。

お父さん、私を生んでくれてありがとう。本当にありがとう。今生きていることが楽しくて嬉しくて、涙が溢れ出てきました。


「神の自覚」

私は神です。神になったのです。幸せです。今までの苦しみは何だったのでしょう。神を知らない自分だったのですね。ごめんなさい。内なる神を認められないと思い込んでいたのです。

今日私は神を確認しました。大きな愛でした。計り知れないほどの限りない愛そのものだったのです。

この私に神として命をくださった神、ご先祖様、両親に心より感謝致します。ありがとうございます。

今まで私を守り育ててくれた縁ある者たちに、体の底から湧き出ずる神の愛でお礼を言わせていただきます。

家族の皆様、私は神でした。ありがとう。こんな大きな神に育ててくれたのも、お父さん、お母さん、おじいちゃん神だったのです。

主人の神はお釈迦様の手の平のように広過ぎて見えなかったのです。やっと見えました。孫悟空のような私でしたが、神になったから見えたのです。今から湧き出でるすべての愛で生きましょう。

あなたとの愛が感じられてとても幸せです。ありがとう。

息子たちよ。私は母として神になりました。今から大きな限りない愛であなたたちを育てていけると確信致しました。本当にありがとう。今までの母はもういません。いるのは神になった母とあなたたち二人の神です。

宇宙は広いです。限りがありません。嘘も争いも何もありません。ただ限りない幸せがあるだけです。何と充実した気持ちなんでしょう。

神になれた。この万物の神よ、私を認めてくれてありがとう。本当にありがとう。


「神の自覚」


私は神です。私は無限の愛です。私は無限の宇宙です。この世に神として生きることを心より感謝致します。

私は神は人間とは全く別の存在だと思っていました。人間は絶対に神になることはできないと信じていました。

本当に驚いたことに私自身が神だったのです。そのことを体感致しました。素晴らしいことです。生きる希望と生きる喜びが心の底から湧いてきました。

私の家族一人一人が神です。息子も娘も神です。神の愛を私に注いでくれています。私も大きな大きな神の愛で一人一人を包みます。神の家庭を与えられたことを本当に感謝致します。

職員一人一人が神です。一人一人は無限の愛の存在です。素晴らしい存在です。私の考えは職員の考えであり、職員一人一人の考えは私の考えです。なぜなら、神即ち宇宙は一つだからです。私はこれから職員たちと神の塾を作ります。それは神の御心のままに働く塾です。神の働く塾は神の塾です。

子どもたちは無限の愛、無限の力を持っています。それを引き出すことが私の仕事です。この仕事は私たちの天命です。この仕事を神から与えられたことに心より感謝致します。

世界は神の世界です。世界中のどんな国も神の国です。世界中の人々はみんな神です。私は神の世界を愛します。神の世界は調和の世界です。愛の世界です。一つに繋がっている世界です。素晴らしい世界です。私はこの素晴らしい世界にいることに感謝致します。

私は神です。私の家族、塾の職員、出会う人々はみんな神です。そして、それらの人々は一つです。それは宇宙が一つだからです。本当に素晴らしいです。本当に嬉しいです。心から喜びが湧いてきます。私はそのことを体感致しました。心より感謝致します。

ありがとうございました。本当にありがとうございました。

＊　＊　＊

（「真我開発講座」を受講されたカナダ在住のマイク・オカモトさんからの手紙）

ハワイでの天使の光コース（注：真我開発講座をハワイで開催）中、三〇分くらい瞑想したときのことです。

僕は初めて肉体が無くなり、なんか魂のような意識だけとなった感じがして、そしてまわりの地球や宇宙に存在するすべてのものの姿がすべてなくなり、ただ宇宙と一体の感じがして、そこには神の愛しかないことがはっきりと感じられ、感動で涙がとまらなくなり、佐藤講師が肩に手を置いてくださったときは、もう「うわー」と声をあげそうになりました。

そしてその愛につつまれた喜びは強烈だけど強烈でなく、なんかじわじわうれしい感じが続きました。

しかしその後です。

魂は永遠で、真我は実相で、人間は仮相だと感じたので、以後どうも「魂が業を持った肉体に宿り現世で修行をしてまたかえっていく」という感じが取れず、観念なのでしょうか、魂が今回はマイクオカモトの肉体人生を修行の場としてまっとうしていくみたいな感じがしています。

ですから、まわりの人も全てそのように見え、その人はその人であっても仮相で、本当ではないような、ただ本当なのは、その肉体の奥にある魂で、その魂が現世修行中に「真我」に目覚めることができれば、その時点から宿っている肉体の業が消えていき、まさにオセロゲームのごとくクロから白に変わっていき、肉体の浄化、魂の浄化がなされていくような感じがしております。

（以上　すべて原文のまま）

第六章

真我とは人生双六の「上がり」である

真我を開き続けるコツは素直・正直・即実践

一度真我を開いたら、その後は真我の波に乗り続けることが真我を開き続ける秘訣である。真我の波に乗っている人はみな確実に素晴らしくなっている。

真我の波に乗っている人には共通点がある。それは、**素直で、正直で、即実践する人**ということである。人の忠告を素直に受け入れ、自分を飾ったり嘘をついたりせず、そして、良いと思ったことはすぐに行動に移す。そのような人たちは日毎に真我が開いていき、会う度に人間的に素晴らしくなっている。

そして、もう一つの共通点は、**みな感謝の心を忘れない**ということである。一時的には真我の波に乗っていたとしても、感謝の心を忘れてしまうと自分という我が出てきてしまい、途端に真我の波から外れてしまう。今の自分があるのは、両親をはじめ、多くのことを教えてくれた先輩や、意識の高みに導いてくれた師、縁の下で支えてくれた伴侶や数多くの仲間たちがいたからこそである。周りの人たちの大きな愛に包まれて、今のあなたがいる。そのことを絶対に忘れてはいけない。
さらに真我を開いていくためにやるべきことは、確信を高めていくということである。私はすでに二十五年に渡り真我の仕事をしているが、いまだに毎日毎日驚きの連続だ。これには際限がなさそうでもある。「やはり真我の力は本当にすごいんだ！　やはり間違いないんだ！」と毎日確信を深めている。

真我の道は今まで通っていた道とは違うために、その道が正しいとわかっていても、時として確信を持てなくなることもある。空から見たときに、「こちらの道の方が目的地まで一番近くて安全だ」ということが見えても、他の人々がみな違う道を歩いていたとすると、不安がよぎることがある。その不安を消していかなければならない。そのためには、何回もその道を歩き、「やはりこの道で間違いなかったんだ！」と確認していくしかないのである。その結果、揺るぎない確信を持つことができるのだ。真我を開き続けていくということは、確信を高めていくということでもある。

真我は神であるから、私たちが確信しようがしまいが最初から完璧、完全である。しかし、自分自身でもそのことの確信を高めていき、神の事実と自分の確信とを近づけていくのである。そして、それを完全に一致させることが最終到達点である。そのために、日常生活の中で少しずつでも確信を高めていくのだ。確信を高めるに従って、意識は神に近づいていく。それが次元アップということなのだ。

次元上昇《アセンション》を望むなら、過去の目標にとらわれないこと

将来の目標を持っていたとしても、自らの意識が変われば、過去に立てた目標はその時点で意味を失ってしまう。そして、全く違う未来が見えてくる。さらにまた

意識が上がれば、また違った未来が見えてくる。そのように意識が変われば、その都度、未来は変化するにもかかわらず、かたくなに固定したままの未来の目標に向かって生きるというのは、賢明な生き方とはいえない。以前はそのような生き方が良しとされてきたが、これからの新しい生き方は違う。むしろ、自分の意識レベルを上げることに専念をすればいいのである。そのことによって、結果的に輝かしい未来が自ずと後からついてくるのである。

「日本一の強盗になる」という目標を持っていた人も、意識次元が上がれば、そのような目標を持たなくなるだろう。すると、「日本一の強盗」という未来の目標は消え、もっと人に喜ばれるようになろう、人様に役立つ人間になろうという目標に変わっていくものだ。

オリンピックでメダルを獲るという目標を持っていた人が、引退してコーチや監督になったら、改めて目標を変えなければならない。ところが、その時点で自分の意識を変えられない人は、今を生きることはできない。いわば過去の栄光だけにしがみつき、昔の自慢話ばかりをし、酒に溺れている人がいる。そのような人は過去に生きている人である。過去の夢や目標にいつまでもとらわれていてはいけない。

今問題を抱えていたら、それこそが天国への階段と知る

真我を開いても、日常生活を一〇〇パーセント真我そのもので生き切るというわけにはなかなかいかないものである。意識次元を高め、真我を日常生活で顕現できるようになるためには、現実には階段を一段一段登るようにしていかなければならない。

実は、今抱えている問題こそが、その階段の一段一段になり得るのである。問題が何もないときには、それ以上何も求めないため、なかなか意識は上がらない。しかし、問題を抱えていると、それを何とか解決しようとするから、それが契機となっ

て意識が上がっていくのである。だから、何らかの問題を抱えていたとしたら、それはアセンション（意識次元の上昇）のための階段になるのだ。その意味で、**問題があるというのは、大変ありがたいことであり、問題は自分を高めてくれる階段、ステップといえるのだ。**

もし親が返済し切れないほどの多額の借金を残して死んだとしたら、それは本当に負の遺産だといえるだろうか？　世間からの悪評を残して死んだとしたら、それは本当に負の遺産だといえるだろうか？　実は、負の遺産こそが、親や先祖が与えてくれた階段である。負の遺産が大きいということは、最初から高い階段をあなたに与えてくれたに等しいことなのだ。

大きい問題を抱えていればいるほど、真剣になって問題を解決しようとするから、そのぶん、自分の意識を高めることができる。それ故に、**難問が山積しているというのは大変ありがたいことなのである。そして、神はどんな問**

題でも飛び越えられるだけの力をみなに与えているのだ。

＊　＊　＊

（「真我開発講座」を受講された矢野カヨ子さんからの手紙　この方は、交通事故で半身不随となった息子さんと共に真我を追究し始め、その結果、息子さんの状態が奇跡的に快方に向かっている）

佐藤先生、私は先日十七日、十八日に宇宙無限力体得コースを受けさせていただきました大分県の矢野カヨ子です。お世話になりました。あまりにも素晴らしい体験をさせていただきました。一言先生にお礼が言いたくてペンをとりました。

宇宙無限力体得コースでは、一回目の瞑想の時は、むらさき色の玉が黄金の玉に変わり、その後に黄金色の光がパアーっとさしてまぶしくなりました。目を閉じているのに光がまぶしく感じられるとはどういう事だろうと思いました。

二回目の瞑想の時は、黄金色の花びらが一つだけ現れ、中心はむらさき色できれいな花で蓮の花のように思いました。グルグルとまわっていました。その時、佐藤先生が私の肩に手を置いてくださいました。すると温かくなり額《ひたい》の方がずっしりと重たくなりジンジンとしびれ、そして、鼻すじから胸の中心までおりてきました。これがチャクラというものなのでしょうか。

家に帰りその日は軽く瞑想して休みました。子供の弁当を作るのに五時半に起きましたところ、子供は夜から帰ってきていなかったのに気づきました。少しすると子供が帰ってきて言いました。「お母さんすごかったよ」「何が?」と聞いたところ、「しし座流星群、知らなかったの?」と言われてしまいました。

私は、二日間のセミナーで知るはずがなかったのでした。息子は寝ずに見ていたのでした。まだ見られると言うのですぐ外に出て星空を見上げると、まだまだたくさんの流星群を見ることができました。ものすごい感動を覚えました。

子供は寝ずに見ていたので、「今日は遅れて学校に行く」と言うので、弁当を作るのをやめて三十分ほど休もうと思い、ふたたびふとんに入りました。目を閉じるとすぐに私は宇宙にいる自分に気づきました。広い広い宇宙に一人でいてどうしたのだろうと思っていると、あたりが黄金色に輝き始めました。すると、一つの大きな黄金の玉になり、すべての命は一つなんだなという事を感じました。すると、私は感動の涙がこみ上げてきました。おさえる事ができなくなりました。ふとんをかぶりわあわあと泣き声をあげていました。その間も黄金の玉は消えることなくぐるぐるとまわっていました。

主人に気づかれてしまいました。「どうしたんだ」と言われました。主人は、「それはすごい」と言って、先生にすぐにお礼を書くように言われました。

私は自分の心が調和したのだと感じました。佐藤先生本当にありがとうございました。

（原文のまま）

経験が心を深く掘り下げてくれる

真我を体感すると視野が飛躍的に広がる。しかし、視野が広がったとしても、それだけでは実生活に活かせないで終わってしまう可能性がある。実生活に活かしてこそ、人生は味わい深く豊かなものになる。実践を積んでこそ、深みのある魅力的な人間になれるのである。

深みのある人間になるためには、やはりある程度の体験、経験が必要となる。時には身を持って辛苦を味わっていくことも必要だ。艱難辛苦を体験することによって、人間として深みが伴ってくるものなのである。

真我を開発するということは、まず自分の視野を広くすることに始まり、それから自分の心を深く掘っていくという過程でもある。例えば、地球上にはいろいろな考え方の人間が住んでいると知ることは、視野を広くするということである。そして、そのいろいろな人たちと実際につき合っていくことが、心を深く掘っていくということでもある。自分と違う考え方の人たちとつき合っていく過程にはそれ相当の苦労が伴うが、その苦労の中から深い思索が出てくるものなのだ。

自分という船の櫂《かい》は自分で握る

真我を開くと、宇宙の法則という川の流れに乗ることができる。では、すべて川の流れに身を任せればいいのかというと、そういうわけではない。方向を定めることや、軌道修正をすることは、私たち自身の意志にかかっているからだ。

私たちは自分という船の櫂《かい》だけは持つ必要がある。櫂とは自分の意志のことだ。ただ流れに身を任せているだけでは、船は岸にぶつかってしまうかもしれないし、荒波にもまれるかもしれない。だから、櫂だけはしっかりと自らの手で握り、岸にぶつかりそうになったらぶつからないようにコントロールをする必要があるのだ。

岸にぶつかるとは、ほとんどが人間関係のトラブルのことである。こちらがいくら愛を持って接したとしても、相手からは強い妬みや恨みの心が返ってくるかもしれない。そのときに、自分の意志で相手の想念に巻き込まれないようにしなければ、その波動に巻き込まれてしまう。もし、まだ今の自分のレベルでは巻き込まれてしまうと思ったら、「できるだけそういう人には近づかないようにしよう」と決めることも大事なのである。

「あるがままに」という言葉がある。その言葉通りに解釈して、何もしないでただ環境に流されて生きてしまう人がいる。そのような人は、結局は周りの人の言葉に振り回されてしまう。

「あるがまま」とはそういう意味ではない。**「仏に目覚めた上でわき上がる**

心のまま」でなければならないということである。仏に目覚めないのは、本当の「あるがまま」とはいえない。それは単なる無秩序だ。本当の「あるがまま」は、神の秩序に沿うということである。

「これからどこに行こうか?」と考えるのではなく、どこに行くべきなのかを発見するのである。川の流れる先は上空から見たら一瞬にしてわかる。川の流れの最終目的地は最初から決まっている。私たちの人生も、川の流れと同じように最初から行きつく先は決まっているのだ。ただ、川と違うところは、私たち人間には無限に選択の余地が与えられていて、どこに行くこともできるということである。

しかし、神に目覚めたら、その人の向かう道は一つになる。人間は道が無限にあると迷うが、一つしかないと迷うこともない。**私たちの心がいつも迷っているのは神に目覚めていないからである。自分の行くべき道が見つかることを悟りという。本当の自分を見つけて、自らの目的地に向かって行く人は一切の迷いから脱却できるのである。**

本当に真我を開いている人は、疲れることがなく、病気にも縁がなく、いつも健康でいられる。その上、トラブルなどに巻き込まれることも滅多にないから、安全で平穏な毎日を過ごすことができる。真我とは調和そのものであるから、調和の世界に生きることができるのである。

調和とは、人との関係だけを指しているのではなく、自分自身の心との関係も指している。自分の心が乱れないということも調和だ。心が乱れるというのは、現象面と自分の心の間にギャップを感じているということである。

疲れずにできることが自分本来の役割

自分の使命に向かってただひたすら邁進していると心は乱れることがない。そして、心が乱れなくなると、次々とインスピレーションもわいてくる。

自分の使命とは違った方向に向かっていると、そのことを体が教えてくれるものだ。息苦しくなったり、ストレスが必要以上に溜まって、やがては体に異変が生じる。そのようにして方向性の間違いを教えてくれるのだ。

自らの役割であると意識しないで行っていることの方が、むしろ本当の役割を果たしていることが多い。「これが自分の役割である」と考えているうちは、まだ本物ではない場合がある。

あなたの心臓が、血液を全身に送り出すことを役割だと思って動いているわけではない。これが自分の役割だと意識するのは、本当は不自然なことなのである。自然とやっていることが本物の役割なのである。むしろ、役割を知ろうとするのなら、自分が無意識にやっていることを観察して、その中から発見していくことだ。その方がより正しく認識できるはずだ。

真我を開いていく過程で、自分が一番自然にやっていることは何かを発見していくのである。その中で、**長時間続けても疲れず、ストレスも溜まらないことがあれば、それはかなり本来の役割に近いものである。**さらには、それを行うことによって本当の喜びを得ることができ、人にも喜ばれ、且つ、地球環境に優しく、宇宙の法則に叶っているものがないかを探してみることだ。もしそのようものがあれば、それがまさに自分の本来の役割なのである。完全に歯車が噛み合っているということになる。

真我を開いていく段階では、携わる仕事のレベルが変わっていく。仮に同じ職業であったとしても、その仕事に対する取り組み方や仕事の仕方が変わる。ときには職業そのものが変わることもある。

意識レベルが上がると、以前とは付き合う人たちが変わる。付き合う人たちが変わると、入ってくる情報が変わり、情報が変われば、仕事の質も変わる。このように意識レベルが上がれば、それとともに仕事が変わっていくのである。

大企業同士が合併したり、金融機関の再編が進んだりといった変化が経済社会の中でも起きる。そのように時代が変化していくことによって、今までの常識が常識ではなくなっていることも多くなった。仕事に対する認識も急激に変化しているはずだ。

第三部
「真我」を開いて究極の自由を手にする

第七章
幸せ・喜び・愛・神……
すべて調和である

人を真我に導ける人が真のリーダーになれる

真我を開けば開くほど、多くの人に真実を伝えられるようになる。なぜなら、真我を開いて意識が上がると愛が広く深くなるからだ。愛は誰もが求めているものであるから、意識が上がれば上がるほど誰にでも伝わりやすくなる。子どもには子どもに合わせて話してあげ、大学生には大学生の求める話をしてあげる。そのように、あらゆる状況に応じて自在に対応できることが、愛の広さの証明でもある。そこには、自分という形ではなく、相手の立場に変幻自在になれるという大きな愛がある。

意識が上がると愛が深く広くなる。愛が深くなると考えが深くなり、愛が広くなるとより多くの人を愛せるようになる。一番狭いのは自分しか愛せない、あるいは自分さえも愛せないということだ。

たとえ一人で悟りを開いたとしても、その悟りを実践に活かすための知恵がなければ本当の愛にまでは昇華しない。知恵と実践とが結びついていかなければ、本当の愛を実践したことにはならない。愛が知恵に変化し、行動に変化しなければ意味がないのである。陽明学でいう知行合一、「知って行わざるは知らざると同じ」である。神の知恵を行動と合わせるわけである。

もし、今の職場の居心地が悪いとしたら、それは自分の意識レベルと他の人たちの意識レベルとがあまりにも違い過ぎるということである。もしも他の人たちよりも自分の方が明らかに意識が上だとしたら、そのときには、わざわざ周りの人たちに合わせて自分を下げる必要はない。逆に、もっと自分自身の意識を上げれば良いのである。

自分の意識をさらに上げると、その職場の居心地をさらに悪くするかもしれない。しかし、それで良いのである。そのときには、その職場には居られなくなるかもしれないが、その場合は他に行けばいいだけだからだ。もしくは、他の人たちを導くだけの力を持てば良い。上にいくほど調和の世界になるから、下の人たちを引き上げることができるようになるのである。

どんな環境にいようとも、自分の意識をさらに上げていくことに努めるべきである。高い意識を持っている人がこれからの新しいリーダーなのだ。そのような人が下のレベルに合わせてしまうと、大変息苦しくなってしまう。だから、遠慮なしにさらにレベルを上げていけば良いのである。そして、意識のまだ低い人たちを引き上げ、自分で環境を変えてしまうのである。

意識の頂上近くにまで昇りつめてしまうと、社会全体とも波長が合わなくなってしまう。そのときには、山に篭るか、もしくは大衆を導く役を果たすかのいずれかになる。そのことがわからないと、圧倒的多数に呑まれてしまい、自分自身の存在価値を見出せなくなってしまうことがある。故に、あらかじめその現実を知っておく必要があるのだ。

上に上がれば上がるほど調和の世界になっていく。調和の世界にいれば健康にもなっていく。人々を導く仕事をしていれば、そのこと自体が使命そのものであるから、元気もさらにわいてくるのだ。

他人の悪口を言って喜ぶような人たちの中で、自分一人だけがその輪の中に入らないでいると、そのことが周りからすると不調和になってしまう。しかし、その人たちを本当に調和された状態に導くことができれば、全体が調和の世界になっていく。


他人を導いていくと、自分自身もアセンションすることができる。導くという行為自体が愛だからである。もっと低い次元の人を導くことができれば、それはそれだけ愛が大きいということである。実は、これが本当の使命の発見なのである。

しかし、現実には、いくら自分の意識が高くても、周りにいる意識の低い人たちの思いの方が強ければ、そちらの方に引き込まれていってしまう。そこでは数の論理がものをいうのである。その大多数の想念に打ち勝つ方法は、真実を実証していくことだ。真理は、たとえ七十一億人対一人でも一人が勝つ可能性があるのだ。コペルニクスが地動説を唱えたときは、全世界の人々が反対の考えを持っていたが、彼は真実を証明してみせ、全世界の人たちの認識を一八〇度変えてしまった。**真実には誰も反対できない**のである。

本当に真我を開いていくと、真我は愛であるから、自然に人を導いていくようになる。苦しんでいる人が目の前にいたら、自分は真我の素晴らしい世界をすでに知っているから、伝えずにはいられなくなるのである。逆にいえば、**人を導いていない人は、あまり真我を開いていないのだ。**そのような人は、結局は自分のことしか考えていないエゴ的な人間なのである。

人を導いていくことが自分の使命だと意識している間は、そこに少なからず義務感のようなものがある。人を導くことをごくごく自然体にできるようになれば、いよいよそれは本物になってきた証拠である。多くの人たちに本当の愛に目覚めてもらうことが一番の喜びになるはずだ。

古い秩序を破壊し、新しい秩序を構築する

従来の道徳や倫理は、真理の追究がなく行動の規範ばかりにこだわっていたところに問題があると思われる。そのような道徳や倫理は、学べば学ぶほど問題が起きる可能性がある。しかし、真我を開き、真理を十分に知った上で社会規範を作っていけば問題は一切起きないはずだ。

真我は究極の自由である。しかし、自由には秩序が必ず伴う。秩序がなければ自由ではなくなってしまう。信号を無視していいのなら、道路を走ることが危

険になり、かえって交通が不自由になってしまう。交通ルールをみなが守るから、初めて自由に道路を走ることができるのだ。宇宙の法則はもともと自由であるが、そこには秩序があり、初めて私たちは本当の自由を享受することができる。
今までに人間が作ったルールの中には、抜本的に改良しなければならないものが多くある。私たちはこれから宇宙の法則をもとにした新しい秩序作りをしていかなければならない。宇宙の法則は絶対であるから、私たちはそこにすべて従わなければならないのだ。

「宇宙の法則に従ったら、私たち人類は滅亡しなければならない可能性さえあるのではないでしょうか？」そんな疑問があるかもしれない。しかし、実際にはその逆であり、宇宙の法則に沿うことが、人類が永続的にこの地球に住まわせてもらうための絶対条件なのである。私たちは宇宙の法則の中で生かされているから、その法則に従っていけば滅亡することはないのである。

国際会議などで「二酸化炭素や排気ガス何パーセント削減」などという議論が交わされているが、そのような考え方は理に叶っていない。排気ガスを排出することが地球にとって有害であるのなら、全面的に廃止をして、全く違うものを開発しなければならないはずだ。家を建て替えるときには、前の家を壊さなければならない。それと同様に従来の倫理や道徳、ルールなども、改善するときには一旦壊さなければならないのではないか。

すべての問題をもっと根本的に考え直さなければならない。森林伐採を何ヘクタールに抑えるという議論も、やはり的が外れている。それよりも、地球の人口がこのままでいくと何十億人になって、そのためにはどのくらいの緑が必要なのか、そのような全体像から捉えて議論をするべきなのである。

これまで地球環境を破壊し、生態系を崩してきた人類であるが、それでも人類が地球上のあらゆる生物と共生していくことは十分に可能なのだ。人類は地球に住んでいるから、「郷に入れば郷に従え」で、地球の法則、しいては宇宙の法則に従えば、共生しながら繁栄していくことは不可能ではないのである。

自己中心的な知恵ではなく、大宇宙の知恵を駆使する

真我を開いた上では、私たちは大いに知恵を働かせるべきだ。**私たち人類はそのためにこの優れた頭脳を持っている。**より良い知恵を得るためには、自分自身の真我をさらに開いていくことだ。真我を開けば開くほど、この大宇宙の知恵をインスピレーションとして授かることができるからだ。

意識が上がっていけば、たとえ誰からでも知恵を借りることができ、すべてのものから知恵を生み出すことができるようになる。そして、やがては起きる出来事に無駄がなくなる。高い視点から見れば、どんなことからでも学ぶことができるので

ある。

知恵にも自己中心的な知恵と愛の知恵とがあるが、より愛に基づいた知恵を絞ることである。自分を守るためとか家族を守るためだけの知恵ではなく、もっともっと広い知恵を出していくことである。

政治の世界を見たときに、自分の国を発展させるための知恵と、地球の環境を守るための知恵とが衝突する場合がある。その場合には、長期的な視点で見ることが大切だ。日本が、内戦などで経済危機に陥っている国に何の支援もせず、自国の利益のことしか考えない自己中心的な外交をしていれば、一時的には繁栄するかもしれないが、長期的に見た場合には世界から孤立し、いずれは大変な苦境に立たされることであろう。日本は日本だけで生活をしているわけではない。目先の利益を優先させたがために、長期的には苦しい立場に追いやられる可能性があるということだ。

私たち日本人が世界中に散らばり、全世界の人々が愛に目覚めるために働きかけていけば、たとえ日本が空洞化しても何も困ることはない。日本が新しい文化の発信基地になれば、そのことが最大の世界貢献になり、結果的に日本人も世界中から尊敬を集めることになるであろう。

国の発展と世界の発展は必ず両立する。全体の調和から考えたときに、初めてそれぞれの両立ができるのだ。人のためにやったときに、自分も幸せになれるのである。長期的であり、且つ全体的な視点から見ることによって、結果的に全体と個が両立できるのである。

人類にとって地球は小さなものになってきた。地球の裏側で環境が汚染されれば、その影響をこちら側でも受ける時代である。一つの地域で戦争が起これば、全世界がその影響を受ける。空気も水も地球全体でつながっているのと同じく、意識も全部がつながっている。地球という一つのまとまりとして意識されるようになってきている。だから、今こそ、全体という意識をみなが持たなければならないのだ。

日本は、戦後の廃墟から驚くほど短期間に復興を果たした。そもそも日本は国民全体のエネルギーが高い。戦争のエネルギーを経済のエネルギーに転化して経済大国になったのだが、その強大なエネルギーを今度は意識のエネルギーに転化すれば良いのである。あのアインシュタインがかつて、「日本が世界を変える」と言ったそうだが、その可能性を大いに秘めているのだ。

これからは、意識のエネルギーで経済を発展させる時代である。意識は無限であるから、何にでも活かすことができる。みなが求めていることを進めればいいのだ。日本人の意識が高まり、他国から日本人が尊敬されるようになればきっと、諸外国との交流や貿易がさらにスムーズになるだろう。必然的に国内の経済も豊かになるはずである。

国民全体の意識を次元上昇させるためには、意識を上げることによって経済も発展するという関係に気づかせれば良い。それが最も現実的で即効性があり、多くの人たちに受け入れられる方法である。今こそ日本人はそのことに挑戦する時期だ。それができれば、日本はさらに発展していくはずである。

真我と経済の関係は、実は極めて密接である。今の世の中は、政治も国民一人一人の生活も、すべて経済を中心に動いている。悩みもお金に関するものが多い。自殺の原因もお金の問題をはらんでいる。真我で経済問題を解決できれば、本当に世界を変えることができるのだ。

人類が真我に目覚めれば、地上のユートピアは実現できる

幸せは調和である。喜びも調和である。愛も調和である。そして、神も調和である。調和とは分離のない世界のことだ。もともと一つという世界である。

人類全体が真我を開いたら、いよいよそのときには幸せと喜びと愛に満たされた本物のユートピアが実現する。本物のユートピアとは、すべての国々とすべての個々人、そして宇宙と地球とが完全に調和した世界、奪い合いのない世界である。それが私たちの目指す最終到達地点なのである。真我はもともと調和そのものであるから、すべての人々が真我に目覚めれば、この世界は完璧に調和のとれた世界に変貌を遂げることができるのだ。

今地球上で起きているすべての問題は、夢の世界が形になって現れたものに過ぎない。しかし、夢から覚めて真我そのもので生きれば、この三次元の世界でユートピアを実現することができるのである。

真実の姿であり、神そのものである完璧の世界のことを実相という。それに対して、私たちが見ている夢、幻の世界のことを仮相という。実相は真我、仮相は偽我である。多くの人が偽我で生きている。本当の自分では生きていない。だから、みな本当の幸せを得ることができないでいるのだ。

宇宙の法則に従ったとき、無限の自由が手に入る

神は、人類が地球に永住する自由も滅亡する自由も与えている。しかし、このまま人類が欲望に走り環境を破壊し続けたり、他の生物をむやみに捕獲したり絶滅に追いやれば、間違いなく地球全体の生態系に悪影響を及ぼし、その結果、私たち人類自身の首を絞める結果になってしまう。自らの行為の責任を負わざるを得なくなり、そのことにより人類は結局地球上にはいられなくなってしまう。しかし、それも私たちのできる一つの選択なのである。

逆に、宇宙の法則に沿う生き方に矯正すれば、これから先も永く地球に住まわせてもらうこともできる。そのようにするのも一つの選択である。大きくいうと、この二つの生き方が私たちには与えられている。神は私たち人類がそのどちらを選択

するのも自由だよと言っているようである。

私たち人類に比べ、川を流れる木の葉には、海に向かって行く選択しか存在しない。そこには一見自由がないように見えるが、しかし、流れに逆らう意志を持たないが故の自由がある。川の流れに身を任せていても何も不自由ではないからだ。それが宇宙の法則の自由なのである。私たち人間の考える自由とは全く自由の質が違っている。〝落ち葉秋風を恨まない〟という言葉があるが、上から下に落ちるという自由がそこにはあり、それが宇宙の自由なのだ。

私たちは、「神に従いなさい」と言われると、自由を奪われ窮屈な生き方を強いられるような気がして、反発心を覚えたりもする。しかし、本当は神、すなわち宇宙の法則に従うことは何も窮屈ではない。それどころか、**神に従うことこそが最大の自由**なのである。

宇宙の法則に逆らうことの方が、不自由で窮屈な生き方をしなければならない。川の流れに逆らい続けていたら、やがて筋肉は痛み体は疲労し、いつか病気になってしまう。逆らうのではなく、力を抜いた方がずっと楽に自由に生きられるのである。流れに身を任せていても景色は変化に富んでいるし、身を任せていた方がはるかに楽しく自由なのである。


ある時、アルコール依存症の四十代の男性が、「何とか立ち直ってもらいたい」と願う奥さんに引っ張られて私を訪れた。しかし、彼に話を聞いてみると、彼には酒を止める意志など全くないのである。確かに彼には酒を飲み続ける自由がある。しかし、奥さんに話を聞いてみると、彼女は内心離婚を考えている。そして、医者からも「このまま酒を止めないと、あと五年くらいしか生きられませんよ」と忠告されているらしいのである。

そこで私は彼に向かって忠告した。

「このままいくと、奥さんはもうすぐいなくなってしまうよ。あなたの命も危ないんですよ。奥さん、いなくなってもいいんですか？　お酒を止めなかったら明日にでも奥さんは出て行ってしまうよ。酒を選ぶんですか、奥さんを選ぶんですか？」

すると、彼はしばらく考えて、やがてこう答えた。

「女房を選びます…」

自分の思う自由よりも、もっと良い自由があるのだ。酒を選ぶ自由はあるが、そのことによって奥さんと別れなければならないし家庭も崩壊してしまう。そして、自分の寿命までも縮めてしまう。それでは自由とはいえないのだ。それどころか、不自由極まりないのである。

人間の考える自由とは、実は、選択肢があまりない。選択肢がどんどん狭められてしまうのである。人間の考える自由とは、実は刑務所の中での自由くらい窮屈なものだ。それに対して、**宇宙の法則に従ったときに手にできる自由は無限の自由である。**私たち人間の浅はかな知恵で考える自由とは、自由の次元が違うのである。

＊　＊　＊

（「真我開発講座」を受講された山本晃さんからの手紙）

七月十六、十七日に真我開発講座実践コースを受けました。この実践コースこそは私の本音のところで、まさしく私にピッタリの内容でした。初日で自分が体験した奇跡について話し合う場がありました。実は私は昨年七月に衝撃的な奇跡のような事を体験していたのです。

私は昨年七月に宇宙無限力コースを申し込んでいたのです。受講の数日前の夜九時過ぎにスタッフの方から「受講に来られますか」という確認の電話がありました。私は「必ず行きます。受講料はそのとき持って行きます」と返事をし電話を切りました。

その約一分後の事です。佐藤先生のものすごい波動が私を直撃したのでした。その瞬間、全身がカーッと熱くなりました。そして何か、「必ず来いよ」と言われたような気がしました。この体験が何だったのか私には解りませんでしたが、佐藤先生から明快な答えをいただいて自分でも納得がいきました。

二日目に入って、午前中に「困難を克服する」というテーマがありました。この時私の頭の中を稲妻のように走ったものがありました。それは私は三十歳の頃から六十歳まで大きな困難、ないしは重大なるピンチに直面した事が何回もありました。そのような時、私は妙に神妙な気持ちになり「この問題は自分の知恵と力では解決できないぞ」と思いました。しかし、「自分には出来ません」などと言うわけにはいかない、何としても自分の責任で解決しなければならない、という立場に立っていました。自分の力でどうにもならなければ神にすがるしかない、しかし、宗教が教えるような神は自分は信じられない、しかし天というものはあるはずだ、天と言って悪ければ宇宙と言ってもよい、宇宙には宇宙の法則というものがあり、宇宙の摂理というものがあるだろう、それを神だと思ってこれにすがり切ろう、と思いました。そして内心この神にすがりきって、必死になって問題と格闘しました。もう恥も外聞もありませんでした。なりふりかまわず必死になってやっていました。そうすると、どうでしょう。ある日突然、重大な困難ないしはピンチはチャンスに変わってしまったのです。物事が急展開して、佐藤先生の言葉を借りて言えば「自動的にオートマティックに」解決してしまったのです。その結果私に対する信頼も評価も大きく上がりました。ある時は事の重大さを過小評価して「これくらいの事は俺様の知恵と力でどうにでもしてやるわい」等と思った時は完全に失敗しました。そしてその責任を取らざるを得ませんでした。

私の疑問はあのように思っているとなぜ事態が急展開してピンチがチャンスになるのか、自分に理解できない事でした。この疑問は長い間私の大きなテーマでした。その答えはすべて実践コースの中にありました。私のこの発言に対してある年配の女性の受講者は「今の発言を聞いて私は仮面をかぶって生きてきたということがわかりました」と言われました。私はこれも他人の悟りの協力になるかな、と思いました。

午後になって「神に動かされる自分」というテーマがありました。この時も思わず膝を強くたたくような事でした。その瞬間、これだ、これだったのだ、と思いました。

私は三十歳の頃大きなチャンスに恵まれ、大きな成功をしました。その頃の一年間はそれこそ情熱のかぎりをたぎらせて、まさに獅子奮迅の活動をしました。自分の考えや思いでは動いてはいませんでした。次から次へと頭の中にひらめくものを即実行に移しました。勿論頭も体もフル回転でした。朝は八時前に家を出ましたが、夜帰るのは十一時五十分でした。自分が動いているというより、何かに突き動かされているという感じでした。ある仕事の途中でも次の仕事がガンガンひらめいてきました。私は燃えに燃えていました。

「成功と幸福を呼ぶ言葉」にありますね、「今が最高です　楽しいです　やるだけです　私は現在より百倍の力をだします　私は燃えている　メラメラと　火の玉です　私は運がいい」これらの言葉は当時の私の本音でした。一日の仕事を終えて帰りの電車の中で甘い陶酔を感じました。当時は本当に楽しく、毎日が喜びと誇りにあふれていました。

こうして一年近くたってから大きく変わった自分に気付きました。こういう状態は三十二歳、三十五歳、四十二歳の時もそれぞれ三ヶ月くらいありました。

平成八年六月に私は退職しましたが、その後若い時のあの体験は一体何だったのだろうかと思いました。私の何処からあの激しい情熱が出たのだろうか、何処からあの激しい行動力が出たのだろうか、これが私の疑問でした。もう今はあの情熱はかけらも残っていない、自分は燃え尽きてしまったのだろうか、出来ればもう一度あのような人生を生きてみたいと思いました。

こうして退職後私は今の自分も元から立ち去ってしまったかつての私を探す旅に出たのでした。そしてそれを実践コースの中で発見したのです。かつての私は神から動かされていたのです。そうであったが故に、あの爆発的な力が発揮出来、強大な相手を恐れる事なく渡り合えたのでした。

この度の実践コースは私の本音にぴったりとかみ合っていました。この感動と感謝は生涯忘れ得ないと思います。もうこれからはやるだけです。私は観念の真我になったり、真我からズレないようにやる決意をしました。焦点を佐藤先生に合わせ、他人の悟りの協力に力を入れます。

思えば平成十二年十二月に未来内観コースを受けた後、自分の体験について佐藤先生に質問した事がありました。その時先生は「山本さんは真我とエゴの間を行ったり来たりしていたようだ」と言われました。今先生が言われた事が痛いくらいに解ります。そして、エゴの自分には真我の自分は理解できないことも知りました。今は千金を得たような気持ちです。その値百億円の価値があります。

思えば私は人と随分違った人間だったようです。人を羨ましいなどと思ったことは全くないし、人を妬むなどということは全く理解出来ませんでした。見栄をはる必要もなかったし、そんな考えもありませんでした。カッコつけるということも全く無意味だと思ってきました。人と接するときは何時も生地のまま接して来ました。今日はこの私の実践コース受講後の今の気持ちを佐藤先生及びスタッフの方々に伝えたく、キーをたたきました。先生はじめスタッフ一同のみなさん、ありがとうございました。

（原文のまま）

永遠の命を悟る

私たちの肉体はある時誕生し、そしていつか死んでいく。多くの人々は、その肉体の命が自分の命であると錯覚し、命とは限りのあるものだと考えている。しかし真実は、私たちの命は、生まれることもなければ死ぬこともない永遠の命なのである。私たちの命は、肉体が滅んでも決して滅びることはない。命は永遠に時を貫いている。神を自覚するとは、永遠の命を悟るということである。私たちの命は永遠に不滅なのである。

私たちの多くは、一人一人の個体をそれぞれ別々の命として捉えている。しかし真実は、生きとし生けるすべての生命は、同じたった一つの命なのだ。肉眼で見ると別々に分離している命も、それぞれはすべて一つの命なのである。動物も植物も、土も水も、そして、鉱物でさえもすべて同じ命なのである。物質と物質の間にある空間と思えるものすらも、すべては一つの命だ。形あるものもないものも、すべては命として全部つながっている。

一人一人分離している命を一つの命とみるか、生きとし生けるもの全体を一つの命としてみるかでは、価値観も生き方もまるで違ってくる。全体を一つの命として認識できたときには、バランスを失いかけた地球全体の生態系がもとのバランスを取り戻すことだろう。これこそがまさに調和の世界への道なのである。

私たちの命は久遠の命であり、全体の生命と一つの命である。この真実を悟ることこそが本当の悟りであり、それこそが神を自覚するということに他ならない。私たちは自らの内なる神、真我に目覚め、真我を広くこの世に顕現していく時代にいよいよ差しかかっているのである。

あとがき

実は、私が真我という究極のテーマに絞り込んで著した本は、意外にも本書が初めてである。

私はこれまで、私自身の体験をもとにした営業のノウハウ本や、悩みを解決するためのハウツー本などを数多く執筆してきた。また、出版以外にも、経営の相談や夫婦の相談にのってあげるなど、一見、世俗的とも思える問題にも、時間の許す限り関わってきたのである。

真我という究極の真理を追究してきた私が、なぜ三次元的な日常の問題にもたずさわってきたかというと、それは、現在個々人が抱えている問題を解決することが、実は、人類全体を救うことと完全に一致するということがわかったからである。

過去から現在まで、悟りを得た数多くの精神世界の先達たちが、表現こそ違え、内なる自分に真理は内在していること、すなわち、真理は真我にあることを説いてきた。真我こそ宇宙意識であり、神であり、本当の愛であると諭してきた。

しかしながら、彼ら先達から学んだ多くの人々は、観念的にはそのことを理解するものの、深く追究すればするほど、観念と自らの現実とのギャップに悩まされるというジレンマに陥ってしまったのである。なかには、真理を追究するあまり、現実社会から乖離してしまい、仕事や家族までも犠牲にし、まっとうな生活を送れなくなってしまった人も数多くいるのである。私は、そのような人々を随分と目の当たりにしてきた。

それに対して私は、約二十五年もの間「真我開発講座」を主宰し、八万人を越える実例を見てきたことで、本当に真我を体感し、体得した人は、いかなる問題をも解決できるという強い確信を得たのである。

そこでの私の役目は、教義や観念、思想を洗脳したり教えることではなく、受講者一人一人が自らの神性に目覚めていくための、いわば産婆役を果たすことであった。私はそれをたった二日間で行ったのである。それは恐らく世界でも例を見ない講座のはずだ。そうして真我を開いた人たちは、自分のみならず、周りの環境にまで奇跡とも思えるような素晴らしい影響を及ぼしているのである。

真我を開くということは、すなわち宇宙の法則に則るということでもあり、一人の人間が真我を開けば、多くの人々が宇宙の法則に則った生き方をできるようにもなり、その結果、人類全体を救っていくことにもつながっていくのである。

一人一人が真我に目覚め、真我を開くことによって、個々人が抱えている問題のみならず、今人類が抱えている深刻な社会問題や地球環境問題さえも、同時に解決の方向に向けていくことができるのである。逆に言えば、人類は、真我に目覚める以外に、これらの複雑多岐にわたる諸問題を根本的に解決する手段はないのである。

私たち一人一人が真我に目覚めるとき、そのことが人類全体を救うことにもつながるのである。真我に目覚め、自らの意識次元を上昇させることによって、誰もが救世主になれるのである。

そして、真我に目覚め、永遠の命を悟り、本当の自分に目覚めた人生を送ることができれば、私たちは人生の終焉に、心の底から「私の人生は素晴らしかった」と思えて、安らかに肉体人生を終えることができるのである。

二〇〇二年秋（二〇一三年春　一部修正）

真我を開き、本当の自分を知った方々の実証コメント

1 一緒に遊んだ思い出もなく冷たいイメージしか持っていなかった父の本当の愛に気づき、心から感謝ができるようになった。体調が悪かったのは、父に心配して欲しかったからだと気づいた。
上村靖之（二十九）福岡
2 母の聞こえなかった左耳が、突如、聞こえるようになった。そして、今まで聞こえなかったのは、私が母に対してきついことを言っていたからだとわかった。
半田麻理子（三十七）大阪
3 三十八歳の時に、子宮と卵巣の摘出手術をしたために、それ以来生理がなかったが、何と二十二年ぶりに生理が戻った。
木村淑子（仮名）（六十）山梨
4 以前勤めていた会社の大手の取り引き先から、こちらからアプローチもしていないにもかかわらず、五、六年ぶりに仕事の依頼が立て続けに入ってきた。
梁瀬龍弘（四十六）福岡
5 自分は何のために生まれてきたのかをずっと追求してきたが、それは〝全体意識に目覚めるため〟だったということがわかった。
安藤恭子（三十五）静岡
6 人を愛することができなかったのに、自分を許せたことによってどんな人をも愛せるようになれた。
高井敏江（仮名）（五十六）京都

7
遺産相続で実の兄弟が七年にも渡って骨肉の争いを繰り広げ、重い病（急性すい炎）にもかかり全てが八方塞だったのが、一気に兄弟が和解し、遺産相続問題も解決し、病気も治った。
橋本恵子（仮名）（五十）山梨
8
「子どもが成人したら離婚する」と言っていた妻との溝は一生埋まらないと思っていたが、いつのまにかその溝がなくなってしまった。
中本陽一（四十六）福岡
9
足の不自由だった義姉と一緒に温泉旅行に行ったら、義姉は三日目には一人で階段の昇り降りまでできるようになってしまった。
東マサ子（六十六）山梨
10
神を自覚した瞬間、作曲活動がそれまでのクリエイトする作業から発見する作業に大きく変化した。自分の持つ宇宙意識と一致する音色を探す作業になった。
加太好晴（三十九）神奈川
11
生きる喜びを見出すことができず、何度も死を望むようになっていたが、真我に出会い、人生とは生きるに値するものだということがわかり、患っていた心臓病も治癒した。
真壁泉（四十一）東京
12
家を出て行った父を心から恨んでいたが、実は父はとても自分のことを心配してくれていたことに気がつき、今では、〝世界一大好きなお父さん〟と思えるまでになった。
小島友香（仮名）（二十三）岐阜
13
今まで自分自身を認めることができなかったのだが、真我を開いた瞬間、「私は私が大好き！」

と言えるようになれた。
中村知恵子（三十五）東京
14 それまで義務感でやっていた父の看病を、楽しくて仕方がなく思えるようになり、オムツを換えることすら苦でなくなった。
本多健治（五十一）福岡
15 自分に自信が持てず、人前に出ると場の雰囲気を盛り下げてしまうのではと思ってしまい、うつ病になってしまったが、真我に目覚めたことで自信が持てるようになり、うつ病を克服できた。
田代洋子（仮名）（二十一）埼玉
16 不倫をしていた夫とは冷め切った関係だったが、急激に深い会話ができるようになり、弱さもさらけ出してくれるようになり、新婚時代よりもくだけた関係になった。
阪本博美（仮名）（三十六）静岡
17 夫とは十年間家庭内別居の状態だったが、真我を開き、心から湧いて出てきた「ごめんね」の一言で十年間のわだかまりが嘘のように消えてなくなり、子どもまで授かった。
有藤早苗（仮名）（三十四）山梨
18 これまで真我を探求して、様々なセミナーや宗教などを長年渡り歩いてきたが、真我に目覚めるまでには至らなかった。それがたったの二日間で、真我を開くことができた。
大八木昭二（五十七）徳島
19 真我を体感してから、電話をしようとした人から電話がかかってくるなどの偶然の一致が、毎日のように頻繁に起きるようになった。
濱田寛子（五十五）千葉
20 父の自殺未遂以後、毎晩首を吊る夢にうなされ、胃潰瘍にもなり、心身共に最悪の状態に追い込まれたが、父と自分とが一つだと思えた瞬間から、全ての問題が一気に解決した。
北澤仁（三十五）東京
21 生徒の指導に悩んでいたが、真我を知ってから、生徒たちが急に私の話をよく聞いてくれるようになった。
鈴木実（仮名）（三十六）群馬
22 毎日やる気のない生活を送っていたが、真我に出会ってから、どんどん人に会う行動力が出てきて、毎日が楽しくて仕方がなくなった。
久我義将（三十七）神奈川
23 主人に対して嫌悪感を持って暮らしていたが、その主人に対して感謝の気持ちでいっぱいになり、心から優しく接することができるようになり、夫婦関係が一八〇度好転した。
有藤和美（五十一）大阪
24 今までは話す時、何を話そうかと頭で考えていたが、今では何も考えずに言葉が自然とスラスラと出て来るようになった。
大村福子（四十七）埼玉
25 「自分を愛することがまず大切で、それだけで人は本当に幸福になれるのだ」と感じることができ、今まで嫌いでしょうがなかった自分を愛せるようになった。
那須大祐（三十四）岡山
26 経営に行き詰まっていたが、受講以来、急に受注が入るようになりどん底の経営状態から脱出できた。
柴崎英雄（五十七）埼玉
27 重いうつ病になり、学校にもアルバイトにも行けず、死ぬことどこかへ行ってしまうことばかり考えていたが、そのうつ病がほぼ完治した。
藤川法子（仮名）（十九）岐阜
28 自分を誹謗中傷してくる同僚の女性社員のことが、とても愛らしく見えるようになり、関係も好転した。
渡邊奈津美（三十）群馬
29 重度の幻聴と被害妄想に悩まされ、急に怒ったり泣いたり、時には娘夫婦を別れさせようとしたりというひどい精神状態だったが、真我を開いたことで精神的な病から解放された。
有働喜美代（仮名）（五十四）神奈川
30「人にこんなことを言ってはいけない」と自分を縛り、本来持っている愛を出しきれていなかったことが過食症になっていた原因だったと気づき、それから二週間で過食症は治った。
矢井田ケイ（二十三）静岡
31 二十年間〝メニエル主病〟という自律神経失調症の悪化した病気に悩まされ続けていたが、病気も全て自分にとって必要なことだったと気づき、一気に回復に向かった。
田中幸子（五十八）静岡
32 一時は離婚を決めていた妻のことを心から愛せるようになり、感謝できるようになった。
大山衛（仮名）（五十一）埼玉

33 原因不明の病気で下半身不随になり、三十年以上も車椅子生活を送っていたが、真我を開いて二ヶ月目くらいに突然歩けるようになった。
浜中泰蔵（五十八）山梨
34 整体師として患者の体の歪みを診ると、その人の心の状態が手に取るようにわかるようになった。
高橋裕一（三十八）埼玉
35 三才で母を亡くし、それ以来親戚の家で育てられたために、自分を出さないようにしてきた。それが虚弱体質の原因だったとわかり、それ以後急激に体調が良くなった。
岡本多恵子（五十四）千葉
36 健康食品を販売する仕事で重病の人に会うたびに、悪い波動を受けて体調を崩していたが、真我の光が出てきたことで悪い波動と同調しなくなり、一切影響を受けなくなった。
山崎志穂（四十九）埼玉
37 三年間うつ病に悩まされ、会社も辞めていたが、真我と出会った瞬間、それまで抱えていた両親への憎しみが一気に消えてなくなり、うつ病も治り、家業を手伝うことになった。
斎藤俊幸（三十四）埼玉
38 原因不明の病気で十数年前に失明したのに、「神様は目を見えなくすることはない。目が見えるようになることが神の意に沿うことだ」という佐藤先生の言葉を聞いて、突然見えるようになった。
中島直次郎（八十三）長野

39保険のセールスマンでありながら自分からは保険の話を一切しないにもかかわらず、人と会えば契約をいただけ、常に上位の成績を上げられるようになった。畑山昭徳（四十）神奈川
40多額の借金を抱え倒産寸前まで追い込まれたが、今までは自分の欲だけで仕事をやっていたことに気づき、お客さん一人一人に感謝の気持ちが溢れ出してきたら、一気に会社を立て直すことができた。石山俊夫（五十）福岡
41自分は愛そのものだと気がついてセールスに行くようになったら、それまで月に十万円程度の収入しかなかったのに、翌月は六十万円の収入を得ることができた。相原潤一（三十二）千葉
42独立をしてからはいつも目先の仕事をこなすのに精一杯で、思うように売上が上がらなかったが、真我を開いてからは、お客さんの方から注文をいただくようになり、売上が五十パーセントアップした。近藤義久（三十八）福岡
43会社経営で問題に直面した時、直観的に解決策が浮かんでくるようになった。野村雅和（四十五）神奈川
44空手道場を父と一緒に経営しているが、七十名だった生徒数がわずか半年で百名を超えるようになり、女性の生徒も来るようになった。仲本道俊（二十七）沖縄
45コピー機のセールスをやっているが、今まで月間平均四台くらいの販売実績だったのが、真

我を開き嫌いな人がいなくなったことで翌月から四倍以上の販売ができるようになった。

小宮山章（三十三）東京
46 ただお客さんに喜んでもらおうという一心で保険のセールスに臨んだら、全社中上位〇・二パーセントの好成績を上げることができた。
宮川真帆（二十六）大阪
47「人を許さないといけない」と頭ではわかっていても、どうしてもいざとなると憎んでしまう自分がいたが、真我を開いてからは自然に人を受け入れられるようになった。
伊藤祐子（三十四）山梨
48 長年求めてきた自分自身の生きる使命や役割をはっきりと認識することができ、会社経営にも肝が座った。
石橋敏彦（五十三）静岡
49 今まで、「ねばならない」という観念を強く持っていたため生きるのが辛かったが、このままで良いということがわかり、自然体で穏やかに暮らすことができるようになった。
鍛冶清子（五十一）東京
50 今まで自分の会社や自分の家族のためという自己中心的な発想しかなかったが、仕事を通じて誰かのお役に立ちたいという気持ちで経営をするようになったら、一気に経営状態も良くなった。
岡本洋一（五十六）山口
51 精神世界を追求し、長年修行を積み重ねてきたが、真我を悟るのに修行などは必要ないということに気がついた。
山之内幸代（五十三）千葉
52 父の自殺が大きな心の傷になっていたが、その心の傷が癒え、生きることが随分楽になった。ストレス太りでウエストが八十六センチにもなっていたが、元の六十四センチに戻った。
沖田澄子（四十八）福岡
53 市民みんなが味方に見えるようになり、衆議院議員選挙で二位以下に大差をつけてトップ当選できた。
中野清（六十四）埼玉
54 まわりからいつも冷めた印象を持たれていた私が、第一印象で「温かい人」と思われるほど人相が大きく変わった。
田島美奈子（三十九）静岡
55 若い頃に強姦されたことによって心にトラウマを背負っていたが、そのトラウマからようやく解放され、同じような苦しみを持っている人を救うことを自分の役割だと認識できた。
小野田祥子（仮名）（五十一）鹿児島
56 ちょっとしたことですぐに腹を立ててしまい、いつもイライラしていたのに、一八〇度変わり、滅多に腹が立つことがなくなり、のんびり屋になった。
真壁孝一（三十六）兵庫
57 二歳の時に両親が離婚し、それ以来祖父母の養女として育てられたため、実の両親の愛情を受けたことがなかったが、真我を開き、顔も覚えていない両親に心の底から感謝の気持ちが湧いた。
北原治子（仮名）（五十一）神奈川

58受講一ヶ月後に、八年ぶりに彼女ができた。
梶敏樹（仮名）（三十）東京
59性格の不一致から二年以上も付き合いを避けていたビジネスのパートナーの女性と仲良くなれ、今では彼女が一番の協力者になった。
楠陽子（仮名）（三十八）山梨
60受講後、信じられないような出会いや出来事が次々と起き、仕事が順調に発展した。
長島八重子（七十二）静岡
61ネットワークビジネスの組織作りをする中で、男性のリーダーが育たないのが課題だったが、夫との距離が縮まったと同時に男性の協力者が現れた。
中西利子（仮名）（五十五）東京
62在日韓国人で子どもの頃から差別を受けてきたために、大人になっても人間嫌いだったが、徐々に人を受け入れられるようになった。
金本茂雄（仮名）（三十八）佐賀
63男性が嫌いで、「絶対結婚なんかしない」と思っていたが、男性嫌いの原因になっていた離婚した父を許せるようになったら、男性の友人が増え、結婚を考えられるようになった。
水野麻里江（仮名）（二十七）大阪
64人と会うのが嫌いで、取引先やお客さんとの接触はできる限り避けていたのに、真我を開いてからは、人と会うのが楽しくて仕方がなくなり、建築士としての仕事の評価も上がった。
加藤宏一郎（五十）福岡
65真我を体感した直後自宅を火事で失ったが、その後、多くの人たちの好意で、以前よりも立派な家と家財道具が揃い、物心ともに豊かな生活を送れるようになった。
秋本真理（四十五）東京
66 一人暮しで孤独と死に対する恐怖に苛まれていたが、真我を自覚することで死への恐怖がなくなり、見違えるほど元気になり、七十三歳にして再婚することになった。
田中健次郎（七十三）埼玉
67 優先順位の一番が仕事ではなく家庭であることに気がついて帰ったら、息子の家庭内暴力がなくなった。
吉井謙介（仮名）（四十五）山形
68 宗教を一生懸命やればやるほど主人との仲が悪くなっていたのに、真我に目覚めて宗教を辞めた瞬間、主人との仲が良くなった。
鈴木志穂理（三十七）愛媛
69 自分自身の中に必要なものは全てあったと気がつき、自分に自信が持てるようになったら、同時に子どもの才能が開花し、五十メートル走を一秒近くも速く走れるようになり、サッカーもレギュラーになれた。
飯島弥生（仮名）（三十四）山梨
70 四年間も行方不明だった息子から突然連絡が入り、再会することができた。しかも、息子は以前とは違い、しっかりした大人に成長していた。
高村妙子（仮名）（五十三）香川
71 全国に百店舗以上ある美容院のチェーン店で、自分の経営する店舗が売上ナンバーワンに輝いた。
藤井勝秀（四十）山口

72 二年間の〝引きこもり〟から完全に立ち直ることができ、社会復帰も果たせた。
小菅則志（三十）東京
73 自分探しの旅の終着駅に辿り着いた。
日向恵子（四十九）東京
74「死にたい」と言っていた娘がすっかり元気になった。
中島多喜子（仮名）（四十九）千葉
75 過去を引きずることも煩うこともなくなり、過去に悩み苦しんだことはすべて幻想だったとわかった。そして、すべてのとらわれや苦しみから解放された。
宮本エツ子（七十）東京
76 以前は無愛想だったが、「キレイになった」「可愛くなった」と言われるようになった。
寺田亜紀（仮名）（二十一）茨城
77 事故で亡くなった息子の魂に出会うことができ、喜びで生きられるようになった。
松浪晴代（五十四）島根
78 今まで自分に合った仕事がわからず職を転々としていたが、ようやくこれが自分の天職だというものに出遭えた。
佐藤志穂理（仮名）（二十八）広島
79 死ぬことが全然怖くなくなった。
徳永富子（仮名）（五十）愛知
80 妻に先立たれ生きる目的を失っていたが、天国の妻と会話ができ、生きる活力が湧いてきた。
本田英征（六十）埼玉

※本書は二〇〇二年十一月にハギジン出版より刊行された
『たった2日であなたを神に目覚めさせてみせる』を加筆・編集したものです。

佐藤 康行（さとう やすゆき）
1951年北海道美唄市生まれ。心の学校グループ創立者。
15歳で単身上京し食堂で皿洗いを始め、飲食店経営者になる夢を叶えるためフルコッミション営業マンへ転身。極端に内気な性格を克服し、宝飾品、教育教材のセールスで日本一、世界一の実績を上げ、ステーキレストランを開業。その後70店舗のチェーン展開をするも心のどん底に落ち込み、死の一歩手前を彷徨うなか「自分は何のために生まれ、生きるのか」の境地を知り、そのどん底からの生還体験によって『本当の自分＝真我』を引き出す「真我開発講座」を編み出す。その講座を自社の研修に取り入れ、目覚ましく変化する参加者を目の当たりにして確信を深め、真我開発に人生を賭けるべくレストランチェーン経営の一切を手放し、佐藤義塾（現：心の学校グループ　アイジーエー株式会社）を設立。以来二十五年にわたり「本当の自分＝真我」に目覚めることを伝え続け、同時に家庭、職場、夫婦、男女等の人間関係、うつ、引きこもり、借金などのお金問題、ビジネス、経営等の各種研修講座を主催し、これまで8万人以上の人生を劇的に好転させている実証例を持っている。
『ダイヤモンド・セルフ』『日本人が世界を救う。』など著書は70冊超。

【心の学校・アイジーエー】
http://www.shinga.com

たった2日であなたを神に目覚めさせてみせる

2013年5月31日　第1版第1刷発行

著　者　佐藤康行
発行者　株式会社アイジーエー出版
〒160-0022　東京都新宿区新宿2-11-2 カーサヴェルデ
電話 03-5312-1450
FAX 03-5269-2870
ホームページ http://www.igajapan.co.jp/
E メール info@igajapan.co.jp
印刷所　シナノ印刷株式会社

ISBN978-4-903546-19-3 C0010

アイジーエー出版のトップセラー本

あなたはまだ自分探しの旅を続けますか？

ダイヤモンド・セルフ
本当の自分の見つけ方

佐藤康行 著　定価：本体 952 円＋税

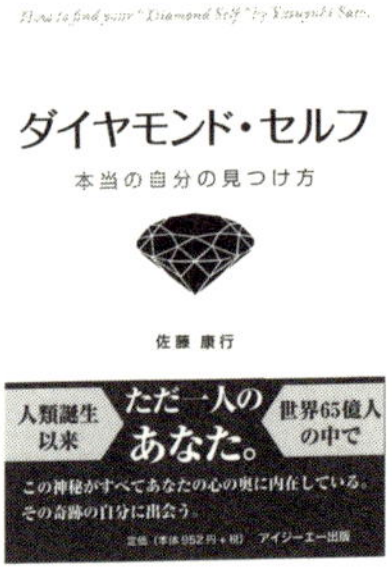

「本当の自分」とは、いったい何者なのでしょうか。

結論から言います。「本当の自分」とは、あなたの想像をはるかに超えた、まさにダイヤモンドのように光り輝き、完全で完璧で、そして無限の可能性を持つ、愛にあふれた奇跡の存在なのです。

あなたが、今、自分のすざらしさをどれだけ思ったとしても、それは「本当のあなた」ではありません。

あなたが自分の中にあるダイヤモンドと出会ったとき、その想像を超えたあまりのすばらしさに魂が揺さぶられるような感動を味わい、そして自分のことが何よりも愛せるようになり、その自分を愛せる心が、あらゆる人を愛せる心となるのです。

(～まえがきより～)

愛読者の声を紹介します

◎今までもやもやしていた心が晴れた気持ちです。残りの時間を期待しながら、努力していきたいですね。笑顔で送れそうです。ありがとうございます。
(Y.U さん 女性 53 歳)

◎１回読んでまた読み返してみるともっと深く身体にしみ込んでくることがわかります。
(K.T さん 男性 60 歳)

◎今までいろいろなことを勉強してきましたが、この本に書かれている事は今までにない考え方で非常に驚きました。本当の自分に会いたいです。
(Y.M さん 女性 39 歳)

◎とても心が温かくなり、そして勇気がでました。わかりやすく、いまからすぐ実践します。本当にありがとうがざいました。
(M.E さん 男性 37 歳)

◎私は本当の自分を体験するらしいことをしたことがありますが、現実生活に入ると戻ってしましまいた。この本は、心の構造がとてもシンプルでわかりやすく書かれています。不完全から完全を見る過ちなど、もう少し追究したいと思います。
(M.M さん 女性 40 歳)

あなたも本当の自分を見つけてみませんか？

『ダイヤモンド・セルフ』のより詳しい内容紹介は、下記ホームページでご覧下さい。
http://shinga.com/